Mujeres Mágicas

Domestic Workers Right to Write

by Las Malcriadas

Edited and translated
por Karina Muñiz-Pagán
y Argelia Muñoz Larroa

The first half of the book is the English version.
La segunda mitad del libro es la edición en español.

FREEDOM VOICES
P.O. Box 423115, San Francisco,
California, United States 94142
www.freedomvoices.org
orders@freedomvoices.org

Distributed to the trade by:
(Distirbuir a las librerías:)
AK Press, 370 Ryan Ave. #100, Chico, CA 95973; akpress.org

Published with the support of
(Publicar con la ayuda de:)
Reimagine! Movements Making Media
www.reimaginerpe.org

ISBN: 978-0-915-117314

Acknowledgments

First and foremost, I'd like to thank all of our contributing writers, las meras xingonas. I am filled with gratitude to be on this journey with you; to experience your talent, creativity and courage. Thank you for the lessons you've taught me, and for opening your heart to this project. Your resilience and inspiration have transformed me more than words can say. Las quiero mucho.

I also want to thank Jess Clarke, Kitty Costello, Christine Joy Ferrer and all the Freedom Voices and Reimagine! folks who produced this book. Thank you for believing in this project and for making it possible for these powerful stories to get out into the world. Your tireless work is much appreciated.

Thank you, Argelia Muñoz, querida hermana, for all the work you've done to make sure the stories flowed across languages and cultures.

Thank you to Mujeres Unidas y Activas (MUA) for the ability to teach creative writing and create space for the power of la palabra. And to all the amazing compañeras I have had the honor to organize and build with over the years.

Much thanks goes to Mills College for the incredible opportunity to be a Community Engagement Fellow. Special thanks to faculty Elmaz Abinader, Patricia Powell, and Truong Tran who helped me to plan out lessons and were there to listen and offer guidance. Thank you to Lisa Gray for your Project Verb class, and showing me what engaged pedagogy looks like in action. Thanks goes to Achy Obejas for believing in this anthology and lessons taught on literary translation. And to Stephanie Young and Micheline Marcom for your ongoing support of the project. And a heartfelt thanks to Susan Ito for your memory audit exercise from which many stories were born! Thanks as well to fellow students: "thesis peeps" Stacy Johnson, Brit Hill, and Phyllis Oscar, as well as Mimi Barillas, Van Dell and CF Pinto, for participating, showing up and offering much love and encouragement.

I also want to thank fellow Vonista and former Community

Engagement Fellow, David Maduli, who gave much advice and curriculum ideas for the project itself, like the Paint Chip poem, an exercise that has now made it onto the page. Thank you Voices of our Nations Arts Foundation (VONA) for being the catalyst for great stories by writers of color and networks. And to D'lo for your advice on how to hold space in a creative workshop that requires much vulnerability and trust.

To mi maestra, Cherríe Moraga, for your wisdom and guidance in workshop and ceremony. Mil gracias.

Thank you to Carolina de Robertis and Sara Campos for your ideas and support for the classes and anthology over the years. To Luann Strauss at Laurel Bookstore, Gina Goldblatt at Liminal and San Francisco Public Libraries for giving us the space to read and share our work.

To Claire Calderón and Amanda Muñiz for your support in the project and showing up each week to assist in the class, and to Claire for all the great audio clips. For Crescent Diamond for filming and documenting.

And on a personal note, thank you to my partner, Lynette Muñiz-Pagán, for supporting me when this project required intense focus and who has heard me talk about "the anthology" more times than I can count!

Karina Muñiz-Pagán
April 2019

Contents

Part I
¡Las Malcriadas!

Part II
The Border

Part III
Where We Live

Foreword

by Karina Muñiz-Pagán

I am a grandchild of immigrant domestic workers and a writer connected to la frontera, as if my ancestral umbilical cord is buried in the desert terrain of the U.S./Mexico border. I've spent the last several years excavating stories never told.

When my father was ten years old, he lived near in el barrio Val Verde, El Paso, Texas. One day in 1947 he was playing stickball with his friends on a dirt road when the green border patrol trucks charged towards them. They scattered, praying la migra wouldn't send them far away. Being born on the U.S. side of the border didn't help. They ran past the evaporating traces of disappeared neighbors, family and friends. At that time, ten years had barely passed since the massive deportations of thousands of Mexicans and Chicanas/os, blamed for the U.S. Great Depression.

Today, migrants are scapegoated all over the world, and the U.S./Mexico border is ground zero for deadly and draconian policies. Stories of resilience and survival, such as the ones in this book, must be excavated with a newfound urgency.

As an immigrant rights activist, I first became familiar with Mujeres Unidas y Activas (MUA) in 1999. I heard Clara Luz Navarro, co-founder of MUA, speak about their work at a training for domestic violence counselors. Clara Luz had a vibrancy that filled the room. She had short, dyed blond hair and a passion in her voice that made you fix your posture and listen attentively. She spoke of the dignity and power of Latina immigrant women, cleaning homes in San Francisco, taking care of children and the elderly, making all other work possible and building their own power.

What Clara Luz shared resonated with me. My maternal great-grandmother, Karin, was a domestic worker too. She migrated from Sweden to San Francisco and worked for 30 years for a family on Russian Hill. My paternal grandmother, Candelaria, migrated to the U.S. from México and was pulled out of primary school to work as a domestic worker, washing the clothes of others on the El Paso/Juarez border. With grandmothers from both sides of my family, having done the often invisible and invaluable work of home care, I was drawn to community work that honored the dignity and value of immigrant women and domestic workers of today, as well as their legacy.

MUA is a Latina immigrant and domestic worker rights base-building organization in the San Francisco Bay Area. I worked there as the Political Director while I was also a student at Mills College, pursuing an MFA in Creative Writing. As a Community Engagement Fellow, Mills gave me the opportunity to teach creative writing and step outside our campaign work. This book includes writing from the participants in those workshops and reflects MUA's accomplishment of their mission through art and literature. The MUA writers have also been at the forefront of preserving San Francisco as a sanctuary city. Together, we have fasted and engaged in civil disobedience. They've taught me what bravery looks like when they have risked their own safety to strengthen the #NotOneMore deportation campaign and led the domestic worker rights movement in the state of California.

In 2015 when this project began, my biggest fear was failing my compañeras. I wanted the class to be worth the sacrifices made to attend. For members who weren't staff, attending class meant at times turning down a job. We didn't have childcare the first year; participants had to arrange that as well. For MUA staff, the workload didn't lessen; the 3-hour-a-week class plus homework was in addition to the responsibilities they held in each program.

We began the class with ceremony. I learned the power of this intention from workshops taught by Cherríe Moraga, a mentor instrumental in my life and in so many others. La maestra pushed us to bring our whole selves to the space and page. One of the compañeras, Sylvia, was from a danzante indigenous community in Oakland. She and her daughter began by recognizing we were on Ohlone land and guided us through the four directions, keeping the copal burning on the altar as we each set our intention for ourselves and collectively. This is how we would hold and push each other through the process.

One main goal was for each participant to discover stories inside themselves they never knew existed. They were there, waiting in the ethers to come to life. I opened our first class, after ceremony, with Gloria Anzaldúa's "Letter to Third World Women" in the anthology *This Bridge Called my Back* published in 1981 and co-edited by Cherríe Moraga. As a queer Xicana, the book, and the letter in particular, have had such an impact on me over the years. Anzaldúa's words exposed me, broke open my heart and put it all back together, as if her voice said to me, "Ándale, mi'ja, you're meant to do this. We've got you, now get to work." I hoped her words could move others as much as they had transformed me. So we read out loud parts of her letter translated into Spanish and printed to take home to read in its entirety:

"Rewrite the stories others have miswritten about me, about you... I say mujer mágica, empty yourself. Shock yourself into new ways of perceiving the world, shock your readers into the same. Write with your eyes like painters, with your ears like musicians, with your feet like dancers. You are the truthsayer with quill and torch. Write with your tongues of fire. Don't let the pen banish you from yourself."

Introduction

by Karina Muñiz-Pagán

The name of our writing group, Las Malcriadas, emerged from a story written during an exercise in class, and featured in this anthology. Malcriada often means bad-mannered, rebellious, and unladylike. In the story, the young girl questions why she has to do so many chores while her brother gets to play.

"¡Malcriada!" she was called and scolded by her aunt. We found commonality in that word, sitting around the table with our own resistance stories about how a woman is expected to act in our society and cultures. We decided to flip the script and embrace our rebellion.

The bravery of the writers shows up in the work you will read here, told in their own voices, rather than the stories so often written about them. At one of our public readings, just eight days after the 2016 presidential elections, our emcee, Maria "Chuy" Hernandez, opened the evening, saying, "Please do not hear our stories and see us as victims, as pobrecitas. What we share isn't always easy and there is no denial our community is in crisis. But we want to be seen as our full selves: in our joy, our pain, and our resiliency." Then she called for "solidarity with all communities that are hurting and vulnerable."

Eighteen member-leaders participated in the creative writing courses held over two years. Not everyone has had access to formal education, and in the beginning, some who were not yet comfortable with writing dictated their stories, if that felt better, until they were ready to write on the page. The stories born out of the class are vulnerable, at times humorous, honest, and resilient. It takes guts to pull out a memory from under a childhood rock resting on soil you may never touch or see again.

From the writing exercises, three main themes arose: childhood, borders crossings (both physical and invisible), and life here in the U.S. This is how the book is divided and you will find several of the authors contributing to each theme. The stories that came out of life here in the U.S. also reflect the political education and organizing work we did as a base-building group.

In our leadership retreats and ongoing political education about domestic worker history and organizing, it has been crucial that we recognize how the legacy of slavery and racism lives on in U.S. labor laws against domestic workers; how labor rights exclusions today are a direct product of racism and sexism against a predominantly women-of-color workforce, with the continuous devaluation of work that women do in the home—both paid and unpaid. In our workshops we discussed the history of Black women domestic workers organizing in this country: of washerwomen, who organized in the South in the late 1800s, to domestic worker leaders, such as Dorothy Bolden, during the civil rights movement. When state violence against Black lives is rampant, and anti-immigrant racism becomes more and more entrenched, understanding this context and writing about it has been imperative.

We also focused in particular on what solidarity looks like with the Movement for Black Lives as a Latina immigrant rights organization. How can we confront and change deep-seated anti-Black racism in Latinx communities? In this anthology, you will see honest prose that grapples with this reality.

You will also find stories about creativity, buried for decades, because of a mother's rage when she discovers her seven-year old daughter's love of fiction-writing.

Or the nine-year old girl playing bus with her siblings under a cherry tree, her fare paid for with leaves as pesos. Everything changes when loss grips and divides the family, and she won't hear from her siblings again until years later on Facebook. You'll come to know the sound of mamá's slippers during wartime blackouts, and prayers for papá to return home.

The writers explore given names, ones with inherited scars, that hold the memories of a grandmother whose dementia has tried to sweep them away like dust on a broom. And chosen names, proud and bold, declaring, "This is who I am."

bell hooks writes about engaged pedagogy—when you ask your students to go to vulnerable places, you have to be willing to go there yourself. During the writers' groups, I was asked to share a personal story of my own, a memory from childhood, which is also included.

There is prose that speaks of how the perilous journey to the U.S., filled with loss and extremities, is just the beginning of fear and uncertainty, yet the love of a son creates hope for a better tomorrow.

Other essays shine the light on living through the inequities of Oakland and San Francisco's changing landscapes. Another essay grapples with how we are learning and building complex relationships across movements like disability justice, where leaders are also employers advocating for their rights, too, as a community.

You'll find the story of a battle against sexual harassment in the Tijuana maquiladoras, won thanks to an unexpected encounter in the local market. And of warrior sisterhood needed in this movement, creating space for laughter and nurturing love, in the midst of the attacks on immigrant communities.

Writing has given us the gift of healing, of being seen and taking risks, at a time when our voices must be amplified. The writers have had to return to places filled with the gamut of emotions and bring them to life—to say here I am, and yes, some stories are rough, but don't look at me with pity. See my power. This anthology reminds us of the imperative courage needed to write, speak, and as Edwidge Danticat says, "create art dangerously" against the erasure of our people, against the constant buzz asking us to normalize this moment, as our communities continue to be terrorized.

Part I
¡Las Malcriadas!

That Naughty Girl!

by Lulú Reboyoso

"Hey muchacha, go and serve your brother some hot food."

"Why me? He can do it himself."

"Look at you asking why! Why? Because you're a girl."

"No, tía. He has his hands. He can do it."

"Listen, you little naughty girl, muchacha malcriada! Men are not made for the kitchen. Women are. This is our role. So go on. Instead of climbing trees and playing marbles or baseball, go and help your mom with the chores."

"No, tía. Why don't you tell my brother to go do that? We're all the same."

"What did I just say to you, naughty girl. A good woman knows how to cook, clean, sweep and sew. Sit down with her legs crossed and not speak. But you, you have bad manners!"

Well, this bad-mannered girl never listened to the advice of her tía. Not only did she refuse to do work based solely on her gender; she resisted the paternal authority of her father, talking back, defying a patriarchal family system, and this bad-mannered naughty girl got her share of slaps for it.

When I was older and I thought of my aunt and all the recommendations she gave me on how to be a good woman, I wondered—why? She had been a woman ahead of her time. She had challenged the establishment, defied patriarchal authority, defended herself against abuse, left her groom at the altar because she did not feel like marrying. She raised her child as a single mom. She was judged harshly, deemed a worthless woman, a bad woman because she lived her life as she wanted to live it, because she did not follow what was established.

Maybe she thought paving a new path, questioning, doing what she wanted to do was too hard, too lonely. Maybe she didn't want me to be judged, singled-out, excluded for thinking for myself. But the seeds of being a Malcriada, a misbehaving, rebellious woman, had already been planted. And in these times, I am not alone. We Malcriadas are multiplying...

The Right to Write
by Neira Ortega

I often wonder why I write. I know I'm not alone; others ask why too. I try not to question whether or not I'm a good writer. I just know it started when I was a little girl and learned to read at five years old. My family was surprised, and my mom said the book, *First Words,* the one we used in our kindergarten class, taught me how to read.

I'm not sure if it was that book, or if it was because I spent so much time reading everything I saw around me—from the title covers of my dad's records to the newspaper. My dad liked to read *La Alarma,* a magazine about police activity in Mexico, and I would read that too. I had an intense addiction to comic books, short stories, novels and any type of magazine. My mom had a small bread shop in the market which made it easy to find reading material. Without much access to books, I read whatever I could get my hands on.

Since I read so much, it occurred to me, why not try to write? I began to write short stories where I was the protagonist. Stories of a young girl rejecting her family—her alcoholic father and parents so busy with their bakery that they didn't have time for their daughter. I wrote stories of a young girl who was adopted and sent to live in another country. This girl was very happy with her new family. I even invented the name of the city and exact street address. I was captivated by writing these stories; I escaped and was transported to another world for those brief moments.

A world where I was happy in another country, like the U.S. Where another language was spoken and machismo didn't exist. Where mothers were free and didn't get beaten. I imagined I lived in a big lovely house with a beautiful garden and that my parents were with me playing in this garden. I talked to myself, pretending to be on the phone with my grandmother telling her how happy I was in this big house. How my parents were happy with me and they didn't fight. I wrote these stories with accompanying drawings and lots of colors.

I left my stories everywhere, I didn't care who read them.

Unfortunately, my mom didn't like this. She said what I wrote could only come from a deranged mind and she thought I was crazy. I couldn't process all of this at seven years old and I started to get scared. Still, I continued to write, even when my mom used to tear up all my writing in fits of rage. One day I felt so terrible. I thought I was bad and convinced myself I was only writing to embarrass and anger my mom. I promised myself I would never do it again.

I got along with only reading up until middle school when I started liking boys. I wrote poems of love and my friends made fun of me. I fought with one of them when they laughed at the passionate poem I had written:

You are my ignited passion
That fulfills my desires
You are discovered magic
That inspires my desires
You have arrived in my life
Filling my emptiness
You are a lit candle
Among my nights without brightness
My love, since we met
I realized I already loved you
Our encounter is the culmination
Of our past love

I laugh at this poem now, but back then I was angry, upset that my friends had pried into my intimacy, misinterpreting my simple poem. I think that's why it's so hard to read what I write in public today. It's a challenge, difficult, but not impossible.

Now I think writing is a right. My will to tell my story is greater than the frustrations I feel about my writing. When we write, we transform our feelings into words. I remember the letter Gloria Anzaldúa wrote to women of color, "Speaking in Tongues: A Letter to Third World Women Writers," in the book, *This Bridge Called my Back*: "I write because I'm scared of writing. But I'm more scared of not writing."

These words have been engraved in my head. As a woman of color, Latina immigrant, feminist, activist, fighter for women's rights, how could I not write? Like Anzaldúa said, "In that very act [of writing] lies our survival, because a woman who writes has power."

In this patriarchal society, what more can we do than write, to give value to our voice, capture who we are on paper? It's an imperative necessity for us to create consciousness in this society where we are always on the worst side of inequality.

I go back to the times of Sor Juana Inés, the 17th-century Mexican feminist, writer and philosopher, and the challenges she overcame to write. The right to write didn't exist for women, especially a poor "illegitimate" one. It didn't matter that she created famous phrases like, "Send me to the fire pit, make me a martyr, let all watch me burn for defending the right to think."

A brave woman with an incredible strength and talent. Now, we have the right to write, to call out oppression and demand our rights as women. As Assata Shakur says, "It is our duty to fight for our freedom. We must love and support each other. We have nothing to lose but our chains."

Writing breaks these oppressive chains, a way to free ourselves, like when the bird sings to liberate herself from the cage, and as women we must support each other, accept and love one another.

Just like my little seven-year-old girl, who naively resisted being part of the family she was born into, writing stories of a better world for her. Now I can write and resist in a society where a woman of color suffers from oppression. I write to create a better world where we can all live in peace, with dignity, equity and love.

Junior

by Chuy Hernández

When I was only five years old, I lived in a town called San Francisco de las Tablas. I was the second oldest out of four brothers and sisters: my brother Silvestre (six years old), my sister Macrina (four years old) and my baby brother had not been born yet. I remember being a girl who dreamed. I was innocent, playful, and mischievous. I wasn't afraid of the dark or animals.

One of my fondest memories was when my siblings and I played in the red soil, looking for little "animals." We called them piggys. I'm not sure why. We didn't have toys. We were very poor, but we always found ways to entertain ourselves.

My siblings and I played "bus" underneath a cherry tree that bore a lot of fruit. My brother was the driver, I was the passenger and my sister charged everyone on the bus. Our "money" was made from the leaves of the tree and three leaves were equivalent to three pesos. My brother, the driver, asked, "Where are you going, señorita?" And I answered, "To Coal Valley." "Here is your change, señorita," he said to me. And he said to us, "Hold on!" as he roared, "Vroom, vroom, vroom." And a few seconds afterwards, "Señorita, you have arrived at your destination," my brother said. My sister then shouted, "They are getting off!"

Another one of our favorite games was a sliding game we played on the mountain. We called it "Resbaladilla."

We took a gunny sack we used for the corn harvest. We went up to the mountains, sat on our sack and slid down over and over again until we were exhausted.

Afterwards we would go back home and do the chores that awaited us. One of my chores was to go to the river and fetch water with my little donkey we called Junior. My dad would put the gear on Junior: his vest and wooden seat, and he tied barrels on both sides of him to fill twenty liters. When Junior was ready, I grabbed the lasso and we headed to the river to fill up the barrels of water.

But one day, after it had rained a lot, the road was slippery and full of mud. When we were heading home, my little donkey slipped and fell right on top of me. With the weight of the water and the donkey, I couldn't get up. I pushed and pushed and the donkey neighed and neighed, but we couldn't do anything.

My mom and brother went looking for us. My mom was already annoyed I hadn't returned right away. She thought I must have been playing, but when my mom and brother found us, and they saw how we looked, they couldn't stop laughing. I kept pushing and the donkey kept neighing.

Junior wasn't the only animal we had. We had a white duck with a yellow beak, a tiny black dog we called Cochinilla, and chickens with their little chicks. I remember on one of our mischievous adventures, we decided to get the duck drunk off of the pulque our mom had just made. My brother grabbed the duck and opened his beak and I poured the pulque down his throat. When we let him go, the poor duck kept waddling from side to side, while we laughed. And our poor little dog, Cochinilla, we'd grab her by the legs and spin her until she couldn't stand.

Those are some memories I still have with my siblings. When I turned nine years old, my mom went to heaven and we each went to different families since my dad couldn't take care of us. We didn't speak again until many years later when we found each other on Facebook and began to talk on the phone. They are in Mexico, and I'm in the U.S. And we remember those mischievous moments when we were young and we dreamt and laughed.

Pacifier Necklace

by Elena Rojas

I remember being three years old when they left me alone at home. My mother had twelve children, and I was second to the youngest. No one was ever in the house. I was always alone and wore a necklace of pacifiers strung together.

Sometimes my sister Raquel was home. She worried about me and gave me a lot of the love and affection that I did not receive from my mother or my father because they were always busy working here and there for our daily bread for my siblings and me.

But my sister was the maternal figure I needed so much. She always bathed me, cared for me, looked after me, and made me feel good. When I did not have her at home, I felt lonely, sad and empty. I felt like no one cared about me, and I had no friends to play with.

That's when I took refuge in my loneliness and the need for my necklace of pacifiers! It was the only thing that made me forget my loneliness. I calmed myself down with each pacifier.

Just the fact of having it in my mouth made me feel peace, tranquility and above all happiness!!

Stranger Danger

by Karina Muñiz-Pagán

I am nine years old and my mom has etched in my brain the perils of being a little girl, and the likelihood of getting kidnapped. That fear kicked in recently when my friend and I left the record store, and the creepy man with the bushy eyebrows, beady eyes and a fixated stare, followed us out of the store and up the block. We started running, chests pumping, and fright stinging our lungs until he was no longer in sight.

He wasn't the first creepy man encounter though. When I was seven years old, I didn't understand what was happening when a man walked past our Girl Scout cookie stand in front of Safeway. Not until after the police arrived and I had to tell our scout leader what I saw.

"A man smiled at us walking by our stand and I think he was playing with a yo-yo or something like that," I said. And I saw the look of concern on their faces.

"What was it that he was playing with exactly?" they asked, and I started to get scared.

But this fear doesn't stop me from playing outside with friends on my block. We play kick ball on our hill, walk by the electrical towers, climb fences and swing off of a rope tied to an oak tree behind McDonalds. Other days, we battle each other in air hockey at the Boys and Girls Club and pop wheelies over homemade ramps.

Most of my afterschool days are spent at Erin's house with her and her nine siblings. In the mornings, I get dropped off at the babysitter's house next door. It is always dark and dank and smells of smoke. I know of two rooms: the living room where the television is and the downstairs bathroom. The upstairs is a no trespassing terrain and it's where Elaine, my babysitter, goes after she turns on the television and plunks me down in front. I see her shuffle off in her pink mumu and frosty blond permed hair with tight curls. She regularly records *Days of our Lives*. I watch each new episode and wait for the sand to slide down the hourglass until I can run over to Erin's to go with her to school.

One day after school, as usual, the girls on the block are playing jump rope. We each have our own wad of rubber bands that we have tied together in a big ball and stuffed into our backpacks. We do our routines in the front of the house: jump up and over reaching our legs as high as we can while the other girl counts until we can't reach over the rubber band or it snaps back and we lose our turn.

Next up is the new girl, Chantelle, who just moved here. She gets all the way up to waist height on this round until I blurt out,

"She's too fat. She can't go that high."

I don't realize what I'm saying is hurtful until I see Chantelle's face afterwards. Her smile is gone. She's looking down at the ground, not trying to jump anymore. I want to take it back and say I'm sorry, but before I can do any of that Teresa—one of the older girls with a caramel complexion and braids that go down to her waist—looks at me and slaps me on my shoulder.

"That's messed up and mean. You better act right and apologize to her if you're going to play with us. And you're not perfect either. Why do you still suck your fingers anyway?" I look down and see my teeth marks and wrinkling wet skin. I'm ready to cry and I try and hold back my tears, ready to run back inside Erin's house when we hear Erica's piercing scream. Erica lives with her boyfriend across the street. She always smiles and waves and says hi when we're outside.

Erica is bolting out her front door, her face full of fright and panic as she runs out into the street. Seconds later her boyfriend follows behind her, past the front lawn and maroon Camaro parked in the oil-stained driveway.

"Get away from me!" she screams.

That's when I see what's in his hand and my eyes no longer deceive me. It is a gun. I know it is and it's pointed at Erica. He yells something I can't make out because I am too fixated on the gun in his hand. This is not a movie, not a prop, not *Days of Our Lives*. One of Erin's older sisters yells for us to get in the house. We huddle and crouch by the window. They disappear up the hill, and I never see her again.

Soon after this, I will find out about the multiple stab wounds my uncle gave my favorite aunt, how the alcohol had masked the schizophrenia. No diagnosis until afterwards. Just blood, regret and prayers from the family she makes it out of the ICU. And I will start to question what is scarier for girls, the world inside our homes or the one we face when we go outside?

The Other War

by Lis Marías Arévalo

The light went out again. Ramón was about to start crying, but mamá soon lit a candle and invented another song to calm his sobs: a military tune that she made us march to; one, two, one, two. We paraded through the kitchen standing upright, legs high as we watched the soldiers on TV, one, two, one, two. Mamá's close-to-broken sandals echoing the sound of marching against the tile – plaf, plaf, plaf – scaring away our fears. Still, the three of us laughed after we finished our military chant, and mamá turned on the radio.

"Electrical tower, car bomb, dynamite, panic," reported the announcer. Every time there was a blackout, mamá would tell us that everything was fine, that they would not come, that...

The bell rang. When they knocked on the door at night, mamá called my father's name very loudly, even though he never responded. We knew he would get home late, like he did every day, but just to hear that a man was in the house, could scare them away...

Who is it, mamá? Who are the ones who leave us without electricity? She reached for the stick she kept behind the entrance and stepped out. The neighbor, Doña Silvia, needed to use our stove again because her gas had run out. Mamá opened the three bolts and two padlocks and invited her to come in.

"Would you like a little fried plantain with rice, neighbor? I also made fruit marzipan, try some." The woman accepted the dessert only while the pot was heating and then left.

It turned nine o'clock, then ten o'clock. Mamá was already tired and stared at the orange candle flame, running her fingers through the flame without touching the wick, her eyes shining. She felt sad, she said. The candle was getting smaller and we knew soon she was going to drown in her own tears. When we finished eating we went to bed and mamá told us a story, made us pray, and sang something to get us to sleep. The only strange thing was that every night, with or without a blackout, mamá was sad.

When we were old enough to understand what was being said behind the doors, we knew why our mother cried before going to bed. Papá would come back after midnight, after winning his daily fight against guilt and shame. Just before leaving the other house that contained his other life, towards ours, he would fix his shirt, tie, and smile. Then in the morning, he would tell us how, thank God, neither the bullets nor the bombs had reached him when he returned from work to our house.

He would go to work well fed from breakfast and mamá would smile again and walk around in her old red robe and her plaf-plaf sandals. At nine at night her eyes would tear up, when papá had yet to arrive, and she would say, "Ya, little ones, to sleep."

The days passed, months, then years until one day papá left with the television. After a while he returned with no other explanation than his presence, but mamá had already put a box out front with his books, records and a bag with all his clothes, washed and ironed in our house for the last time. Mamá had finally stopped yelling his name when they knocked on the door and we were afraid.

Bullets and bombs went to sleep with our history books, but they can wake up. We do not know when or where but they insist on returning.

(This story takes place in Lima, Peru)

What My Name Says to Me
by Mirna Ruíz

Years ago, I became curious about knowing the meaning of my first name: Mirna. I found out the name derives from Esmyrna, the name of a port in Turkey. I wasn't satisfied with this answer. I expected something deeper, a more profound etymology. That's how I discovered that Mirna is Greek in origin and means: painful, sorrowful, supplicant, and although I did not like the meaning, I wasn't worried either. That's why my middle name existed, to come to the rescue and create a necessary balance in this perilous life. And although I have two names, I like to say my first name only when introducing myself, and it's how I like to be called: Mirna. Only five letters, but they have claws and strength. I believe this radiates from the power of the r, the sound of the erre. And well, not everyone gets an "erre con erre, cigarro; erre con erre, barril."

My middle name is Consuelo. Consoler of the sad. Consoler of those who suffer. Consoler of the destitute. My parents called me Consuelo in honor of my paternal grandmother, since my uncles and parents declared I looked like her. They tell me I was born beautiful. I was not bloated, like most babies, and my features were perfectly defined, like a doll. I had porcelain skin and light eyes of an uncertain color, but hairless. This wasn't a problem for my mom though, she adorned my little head with bows she stuck to my skull. My mom also bought me baby hats with synthetic hair braids attached to the sides. What happened to me later? I have often asked myself that question when I look in the mirror.

While Mirna is my battle name I give to the world, Consuelo is only for me. I have seen the name Consuelo on my right hand since I can remember. CONSUELO. And it's not because it's the hand I usually wipe my tears with, nor because it's the hand I cover my heart with when it hurts. It's because my right hand reminds me of my grandmother. I have a scar there from when I got burnt at eleven months old. I can trace the creases of the scar like the wrinkles on my grandmother's face.

Beautiful grandmother
Dutiful grandmother
Grandmother of warm soup
Grandmother of naps
Grandmother of tongue twisters
Grandmother of Mass
Grandmother of prayers
Grandmother of answers
Grandmother, eyes the color of sky

When I was four or five years old, I asked my grandmother once about the color of her eyes.

"Abuelita, for people who have blue eyes like you, what color do they see things in?"

She flashed a broad smile, showing me her teeth, and I sensed this wasn't a very intelligent question, but valid in its curiosity. "What color do you see things?" she asked.

"I see all the colors!" I said.

"Ah, well, I see the same as you," she said.

One Saturday morning, when I was about seven years old, my grandmother was sweeping the street in front of her house; a deeply rooted cultural tradition for housewives of my town. Even though my uncle Benjamin, who was a man, also swept the front of his house. But that's because he didn't have a wife. If he did have a wife, it would have been looked down upon to see him sweeping. While my grandmother swept I asked her, "Why is it that Saturday and Sunday mornings are different from the mornings on the other days?" She stopped and turned to look at me.

"What do you notice that's different?" she asked.

"Well, on Saturdays and Sundays, the sun is brighter. It feels stronger and the shadows of things are bigger. People look different too. It's quieter and slower," I said.

"Every day is the same. On Saturdays and Sundays you feel

different because the other days you are inside your classroom," she replied. The answer seemed good to me. Even today on Saturday and Sunday mornings, I feel different. Don't you?

One of the many challenges we have to face as human beings when we need to migrate to distant lands, is to stop seeing, hugging, and talking to the ones we love. The last time I saw my grandmother, I was only a diluted memory for her. Every now and then her memory got clearer, and in those moments, she gave me advice and we had great talks. Other times she asked me, "And who are you? Whose daughter are you?"

But old age and dementia did not steal my grandmother's beauty. As some elder ladies said when they went to visit her in her days of distress, "Those who are beautiful, even when they are old, are beautiful."

When my grandmother died, I could not go to Michoacán to say goodbye to her body. Her essence travels with me though and is part of my being, my Consuelo, my consolation.

Luz

by Luz Hernández

I was about six or seven years old at the end of the school year during summer vacation when my dad took us to the field to work with my older sister and younger brother. Every morning at sunrise we got up very early. My dad sat me on top of the donkey and set down the iron and plow that would work the land. When everything was ready we'd leave the house and walk almost an hour or so until we arrived at the place where my dad had his plot. When my father got the plow and iron together and put the two animals—the donkey and the mule—side by side, they worked the land while my brother pulled the corn grain and I tossed the bean grain.

Around eleven in the morning, my mother always came with our lunch to eat there. We ate beans, tortillas, salsa made using a molcajete, and corn atole. When we finished eating, sometimes we had left over beans and tortillas. My mom would fold the beans and the tortillas away. When we finished our work day around two in the afternoon, my dad sent us to pick up dry branches of the trees to make fire and reheat our bean tacos left over from the morning. In rainy weather everything was different since we could not warm our tacos because the branches were wet.

But we enjoyed doing other things like playing with mud. My brother, for example, he liked to make cars and tractors with mud, while my sister and I liked to make mud-houses and dolls. We climbed trees and cut their fruit called mezquites, which we loved to eat because of their rich flavor.

My dad always had plastic material to cover us from the rain since the rains there are very strong; storms really, and sometimes accompanied by hail. When the thunder and lightning came, the sounds were so strong, I would get very afraid.

My parents have always been very humble people who always worked in the field. They had thirteen children; three have died. I am the second daughter. I could only go to the sixth grade because my parents did not have the resources for me to continue to study and go to school.

By fourteen, I started working very hard to help my mother earn a little extra money, so I could buy food for my siblings. I have always been a very optimistic person. I haven't given up despite all the challenges life has put in my way. I think this honors my name "Luz," "Light," since it is a name with a lot of force.

"Light," that is my name, and with every dawn I always see the light of a new day that brings us new opportunities and new hope.

How I Got My Aztec Name

by Nahui Tochtli

Ometeotl nehua ni Nahui Tochtli

The year was 2006. I was only fourteen years old when my mom and I received a call from my family in Mexico. My grandad had a short time to live and he could die any day. I still remember my mother's face when my uncle told her about it on the phone. Her reaction was indescribable. My mother hadn't seen her father for thirty years after she left home to come to Los Angeles to visit my grandma.

UNDOCUMENTED AND AFRAID.

I never met my grandad, and although I could travel to see him, my mother was too scared to send me alone. I only talked to him on the phone, but I imagined what he might be like in person, what his gestures would be. Would he smile when he said hello? Or would he just wave his hand and not say anything? These are the things I would ask myself. But I would never get the chance to find out because the next day... he was gone. I didn't have the chance to talk to him before he passed because he could barely talk. And I let my mom have more time on the phone with him. Even though he wasn't able to talk, he could still hear.

My mom said, "Papa, I love you. Forgive me that I'm not with you right now. And don't worry, my daughters are okay, we are okay."

A week passed. My mother decided to do a special funeral for my grandad since she wasn't able to go to him because she's undocumented.

NO PAPERS... NO PEACE.

She was forced with two choices—go to Mexico to say goodbye to her father and be unable to come back home to see her daughters again, or stay here and never see her father again after thirty years.

My mother found out that an Aztec dance group we had been

in for a while was going to do a special ceremony for my grandad. In the beginning when we started in the dance group, I never did like it. I usually accompanied my mom and just sat and watched everyone practice Aztec dance, but since the ceremony was going to be for my grandad, I decided to join the dance.

Not only did I love it, I decided to also learn to play the huehuetl (drum). I began to learn more about the definition of dances and the meaning of why our ancestors danced. My ancestors danced for harmony, thankfulness, for spirituality and for energy. The huehuetls (drums) represent the beating of a heart, the sound of life, of beginning, the sound of regeneration. Every beat that came out was the sound of my emotions, expressing and becoming music for the people to hear and feel how I felt.

I can keep writing and telling you everything about all I learned of my culture, but it would be a whole book. All I want to say is kualli nehua ni Nahui Tochtli (Hi, my name is Nahui Tochtli). I got my Aztec name because I joined an Aztec dance group in honor of my grandad and to respect his memory. My only wish is to have come to learn about my culture in a happy way, or at least in a different situation. Instead I learned and acquired knowledge by preparing a funeral for my grandad, Angel Lopez.

My name is Nahui Tochtli. Nahui means the number four representing the number of the four directions and four elements. Tochtli means rabbit, my Mexika/Aztec guardian. I am proud and sad to know about where my roots come from. It's mixed feelings because of the unfortunate event of my grandad's death. My grandad will always be with us in our hearts. I shout my name to all four directions to let the guardians, spirits and energy know who I am.

To the East, NEHUA NI NAHUI TOCHTLI!
To the West, NEHUA NI NAHUI TOCHTLI!
To the South, NEHUA NI NAHUI TOCHTLI!
To the North, NEHUA NI NAHUI TOCHTLI!

And this is how I got my name.

The Scent of Affection
by Sylvia Lopez

One of my fondest memories is from 1970-72, between the ages of five and seven years old. I was a solitary little girl. My parents bought a house on the outskirts of the city. There was more meadow than homes, with so many trees and flowers. You could hear the birds sing, the roads were made of nothing but soil, and fresh air caressed the face.

I liked our new home. It had a huge courtyard and walnut tree in the center, not like the apartment where we had lived. Here, I felt free. Well, not with everything. My mom liked to put me in fluffy dresses. My long hair was brushed and styled. I wore ankle socks and nice shoes. I didn't like this prim and proper way at all!!

I don't know why, though, my dad would sing the song, "Messy girl, haha, messy girl, haha, you have a nice face and divine figure, but your hair is a universal disaster!" He sang the song like he was a rock-n-roll musician.

Then there was my mom constantly saying, "Don't play in the dirt, don't play with water, don't get dirty!!" blah, blah, blah. As if the most important thing for me was to be well-dressed and groomed. It was the least thing I cared about!

But I had an accomplice, Beatriz. Only I could call her Betty.

One afternoon when I came home from kindergarten with my mom, I saw a woman who caught my attention. Her washed clothes were being dried by the sun and hung by a rope tied from one beautiful tree to the other, inside the courtyard of her home. So, while my mom attended to my three-year-old brother, then rested a bit because she was pregnant with my second little brother, I walked half a block towards where I had seen the woman. She was about seventy years old, dark skinned, short, a little chubby. Her gray hair was tied in a bun. Her clothing was simple: a long black skirt and white blouse embroidered with beautifully colored flowers. Her apron was checkered red and white, her huaraches made of leather. Her face was hard, no smile, just wrinkles, and a big black mole next to her nose on her left cheek. What struck me the most was the sadness in her beautiful black eyes, as if she was on the verge of crying.

I could see her only through the barbwire fence surrounding her tiny home. Her casita was located on land in the form of a triangle divided by two roads. The casita was rustic, made of wood with a tin roof, and without polish or paint. There were so many flowers on the back patio, tall yellow poppies in contrast with the tiny home. All of a sudden, I heard a roar that made me jump.

"What are you doing here?"

"Nothing," I answered.

"Why did you run away from your house? Where do you live?"

I lifted my arm and pointed to my home. "There."

"What's your name?" she said.

"Sylvia. And you, what's your name?"

"Beatriz," she said.

"Ah, Betty," I replied.

"No, Beatriz," she said, annoyed.

"Betty!" I insisted, "Just like my doll's name."

She turned around to look at me.

"You have a doll named Betty?"

"Yes, my doll is big and made of cloth. She has two brown woolen braids and a pink dress full of flowers."

Betty just looked at me and said, "Hmmm." This was my first big encounter with Betty.

Every Monday through Friday, I liked to run to the casita. I sprinted from my house and told my mom I was going to see Betty. She spoiled me, let me take off my shoes and ankle socks that always bothered me. I loved feeling the fresh grass on my feet, roaming through the yellow poppies almost taller than me. I felt the wind, the sweet perfume of the flowers, despite the bees that made me run away. I loved the scent of humid soil.

Sometimes I watched Betty make tortillas, and tortillitas for me. She stood behind her adobe oven, with her metate and comal made of clay. Her house was so small, but to me it was such a beautiful place. It smelled of humility and affection.

When it rained she taught me how to make little boats out of paper, that we put in the water, and I loved to chase after them barefoot, splashing in the water that ran down the edge of the street.

One day after school, when I was about seven years old, I ran towards the casita to look for Betty. She wasn't there. I arrived again the next day and Betty still was wasn't there. Every afternoon I went to look for her, but I didn't see Betty.

Days passed until one day I saw men arrive to destroy la casita. This little home with the scent of humility and of affection. Then I understood, I would never see Betty again. Betty was never coming back. Betty stayed in my heart, in my memories. This tough woman, who did not smile, but had soft hands.

Memories of My Childhood
by Ester Bambilla

When I was little, around seven years old, I lived in a big house with a large patio and a lot of vegetation around. There was a banana tree, an orange tree, even mango, plum and palm trees. We lived alongside a river I walked to every day to fill the small pitchers and metal buckets with water.

Walking along the path, I would find even more trees: lemon, avocado, coffee and black cherry. On the edge of the brook, a large fig tree extended across the land with wide roots. We used parts of the branches to aid us in kneading the dough to make the tortillas, and at the edge of the brook we found clay to make the pots and the comales. Our landscape, nuestro paisaje, provided us with all that we needed.

When I Am Old

by Chuy Hernández

The following poem was originally performed at the National Domestic Workers Alliance Assembly in 2014. Thanks to Linda Burnham and Awele Makeba who led this workshop for homecare providers.

When I am old!!
I want to live with respect and dignity in a place surrounded by trees and plants listening to birds sing, dogs barking.
When I am old,
I want to live with family and friends who love me.
When I am old,
I will be home again, in my land, mi tierra.
Eating what I like, salsa made fresh in my molcajete and tacos de nopal.
I will drink my tequila, feed the chickens and be surrounded by my grandchildren around the fire.
When I am old,
I will enjoy my freedom. I will smell the smoke of burning wood from my pueblo, listen to the sound of the wind. See the sunrise, smell the dew of the flowers and listen to the river run.
When I am old, I will live my last days with respect and dignity.

Part II
The Border

Luz

by Neira Ortega

Latina immigrant woman with your own invisible borders,
You crossed the desert with thorns that scarred you
You had to walk so far, facing life's dangers to persevere
You, the example of a courageous migrant woman

Latina immigrant woman, with defiance, you crossed over
With your inspiring smile you continue in the constant struggle
Example of a woman, you got up and kept going
Warrior of life, now you fight for other immigrants

Latina immigrant who lives in a suffocating cage
With your strong voice you sing to free yourself
Because you are brave, because you are strong, because you are
    light
Because you, Luz.

The Border and the American Dream

by María de Jesus

The visible borders we face are dangerous. Each person has to walk through and be exposed to so many elements: the darkness of night, shrubs, cactus, perhaps wild animals, the unbearable weather. And then there are the ones who rob you. They're called the tumbadores, because they knock you down. They wait for their prey and many times put a pistol to your head, like they did my husband. They made him undress and stole what little money we brought. We almost lost our lives. The risks are great.

We are not the only ones who have these stories and lived experiences. So many arrive here with the illusion of the American Dream. But this dream is what is invisible.

So much happens on our journeys to arrive at our destination. After we get through the visible borders, arriving here, you have to face the invisible borders too.

First, you have no documents to work, so you go and work at whatever you can find and must deal with abusive employers. They put you to work long hours and they pay you what they want. They abuse you; they do not care how they treat you. It is as if you are not human.

My experience when arriving to this country has not been easy. I would have never imagined so many injustices. Remembering everything that has happened in my life is hard, but it is mine to hold. One day, life gave me the greatest gift and experience of all: my son, whom I love with all my soul.

Each circumstance comes with something different. My son was diagnosed with autism and a new fight in my life arrived. Everything felt very sad and very difficult. At one point, I thought my son was dying.

Over time, I began to learn and study in order to help this small being that needed so much of me. Life did not end. I began another fight perhaps more painful for me than any previous one in life.

Now my battle was with time. Everything came together all at once when I began to hear about the deportations. There were so many moments of uncertainty, so much fear and concern. I felt so much pressure.

"Enough! This is not a life," I said. Every morning I wondered if I would come home. When it was a holiday or day off, we couldn't go out to have a carne asada or barbeque. Instead, we put our little plastic pool in our yard and we imagined being on the beach. Not being able to count on your own freedom is not a life. You get tired.

I had to plan something new. I said to myself, risk it all or live a life feeling like a prisoner all the time. I investigated how we could be here legally. I heard that in extreme situations with your children, a spouse, or someone related, you could apply for legalization. We began this process two years ago, and since then we've been given a work permit.

I do not know how to explain how different it feels not to be persecuted. Now I am getting to know different places, and they are beautiful. And above all, feeling this freedom is the greatest thing that has happened in my life.

Now I must wait for the answer from the immigration judge so I can go to see my parents in Mexico. What a blessing it would be if all people who have similar stories felt what I am feeling now. Thank you, God, for giving me all these experiences. I'm blessed.

The Maquilas

by Neira Ortega

The image of a beautiful hilltop comes to mind where I once lived, in the widely-known Francisco Villa neighborhood in the border city, Tijuana. I was eighteen when I arrived at the border with the fervent desire to get to the other side and "pursue the American Dream," as people said in the city. I stayed in Tijuana for three years.

I worked the first two years in the factories, las maquilas, where the majority of workers were women. I heard the sad stories of young women trying to cross: the dangers they were exposed to, from sexual assault to being disappeared. On one occasion, a woman told us about the tragic story of an acquaintance of hers, raped by the coyote who promised to help get her to the other side. From that day forward, I was so afraid of being violated, I promised myself not to ever run that risk with a coyote.

I was terrified. I was by myself, without any family, and felt incredibly alone and vulnerable. I only had my friend who I shared a room with.

One day I met a guy from Tijuana and we started to go out. He took me to the hilltop in Villa. The view was beautiful and I admired this incredible landscape, one I hadn't seen before in my life. I could see the city of Tijuana, and from afar, the United States. One night during the winter, on a day not as cold as usual, I saw the lights of San Isidro, in San Diego, and became mesmerized. From this vantage point, I could see both worlds.

On the hillside, we sat on the hood of an old Chevrolet truck, spending hours admiring the landscape. I felt the cool air on my face, my nose cold. I heard the noise from far away cars. An enormous amount of peace spread over me and my mind plunged into one thought: being so close yet so far from my desired dream. I thought, how was it possible that borders existed? How was it possible that I traveled for three days and two nights from my town in the South of Mexico, only to be just hours from the United States, my final destination?

But it was here I had to stop. I listened to my companion tell me about his fighting stories with his friends who called themselves "cholos." I didn't pay much attention. I spent hours thinking, admiring the landscape, and feeling the wind on my body, with one idea in mind: how to get to the other side and the imagined life I would have when I got there. I felt on top of the world. Although later I would find a much different reality when I arrived.

But It wasn't just dangerous to cross the border. The danger existed in the maquilas as well. It wasn't the work itself that was a problem in the factories. I was very capable at operating the machines. I was good at it and always surpassed the production goals. The problem was being a victim of sexual harassment, and it wasn't just me; this happened to many of my co-workers. The majority of us were women, but the men held the more coveted positions. They were the managers and abused their power by harassing us. Some of the young girls were flattered by the attention. They didn't realize the true intentions of the men. Even though I was only eighteen years old, I had lived enough bad experiences with my dysfunctional family to realize their mal-intent. And besides, my friend was dating one of the supervisors who told me "in confidence" that the men targeted small town girls like me and saw us as easy prey to sexually assault.

The supervisors offered us overtime to work the night shift, and if we accepted, they gave us rides home. I never accepted a ride. I preferred the smaller buses, las calafias, the company offered. I was always afraid of them. Then the fear I had of the supervisors turned into terror.

There were multiple harassers. First was Omar, the afternoon-shift supervisor. Despite being married, he insisted I go out with him, propositioning me in ways that embarrassed me. He often tricked me, and I would find him outside the factory waiting for me. He even followed me to my house. I could not take this harassment, but it seemed to be an occupational hazard.

Until one day by fate or coincidence, everything changed. I decided to go with my friend to the swap meet where they sold clothes, shoes and all kinds of things. We went by one stand where they sold pants. As we got closer to look at the items, a young attendant asked me, "Your friend has a t-shirt with the *I@R Rectifcadores Internacionales.* Do you both work there?" I told her yes and she asked me what shift.

"Do you know, Omar? He's a supervisor there."

"Yes, of course. He's our manager. How do you know him?"

"He's my husband."

I told her it was great to meet her and asked her name. I was actually very happy to meet her because I could now devise a plan to get Omar to stop bothering me. Even though I was so tempted to tell her how her husband sexually harassed us, I didn't.

When I got to work the next day, Omar continued with his harassment. I said, "Enough," and told him, "If you continue to bother me, I will tell your wife what you're doing. I know her and where she works." He was angry, but worried about whether or not I'd go through with the threat, so he stopped bothering me.

That wasn't even the worst of it. The night-shift supervisor was another harasser. At every opportunity, he tormented me in the worst way. He said filthy words to me, suggesting I do inappropriate things. One time he told me he was taking me to San Diego and I was going to sleep with him. He asked if I ever had sex before, how and with whom. There was so much harassment, and got to the point where he threatened to make my work very difficult if I didn't sleep with him.

I couldn't take it any longer and got the courage to report him to human resources. I was taken aback when they didn't believe me. They believed him instead and forced me to resign.

Of course, they were the ones with the power. That period of my life was so painful. The day I was forced to resign, I went back to the hillside and saw the entire city before me. I felt so sad and alone, but at least free from the perpetrators' attacks. I needed to find another job. This was easy in Tijuana, a town full of factories where women endured ongoing abuse. I promised myself I'd never go back to work in one of those places. I thought, it's time to fulfill that American Dream.

The one good thing that came out of working in the factories was the opportunity to get a tourist visa. Since it was an international company, visas were required in case we needed to get trained on the other side on how to operate the machines. I felt so small, alone and helpless on this hillside. But looking over to the other side, I saw hope.

The Things I Carry with Me
by Susana Cabrales and Las Malcriadas

My dreams
A vision of equality
My virtues
My demons
A smile
My fears
My journal
My bottle of water
Medicine

The things I carry with me
A vision
My goals
A pen and cell phone
Beautiful memories
My glasses
My identification
Health Insurance

The things I carry with me are also my thoughts. Like the other day, I was surprised when I saw a road sign in the Oakland Museum, in the California history section. This road sign from the U.S./Mexico border that warns drivers of the erratic crossing of people across the highway. And yet, so much must have happened for these signs to be necessary. The warnings either evoke persecution, punishment or judgment or are ignored all together. But they are never meant to be seen as signs of relief for those who cross.

The things I carry with me
The memory of my grandmother
My huichol bracelet

My identity as a Latina immigrant woman

Respect for others
A $2 bill
My affection and appreciation
Dreams
Promises
A big heart
A quartz stone
And sometimes I fail at this, but I carry with me a desire to continue

The things I carry with me are also my thoughts.

This road sign was already a museum piece and yet I saw in the image the anguish of the people fleeing, their yearnings, their loneliness and their fears in front of an unknown immensity. A story that has been the story of so many for many years, without changing and one that perpetuates today.

The things I carry with me
Love and affection
Humility
I carry the constant ticking of time
Respect
The possibility of personal safety

The things I carry with me are also my thoughts.

I was standing there looking at the road sign, filled with emotion at what the images conveyed, when I remembered what happened one day when I saw a sign while traveling from Taxco to Valle de Bravo in the State of Mexico.

I was moved by this image. It was also a road sign. But it was alerting drivers to the flight of the butterflies that pass through, asking drivers to be aware, and reduce their speed to a minimum. This was the season of the Monarch butterfly and the road bordered the confines of their sanctuary. The signs warned to protect these migrants who fled the harsh northern winter by the thousands. In Mexico, they found their home.

They came and went without anyone questioning their trips
they were forced to make out of necessity.

The things I carry with me
Hand cream
Photos of my family that give me strength
Images of my friend
A toothbrush and perfume
The imagination of being free
A container for my dreams
The words of my aunt,
"May God accompany you, mi'ja."

Prose sections are by Susana Cabrales.

Part III
Where We Live

Jalisco
by Claudia Reyes

Tepatitlán, Jalisco
From where I'm from to where I go
One day I will return
To see my grandmother
I will walk the streets
I will eat well
I will be free
Córdoba, 141, happy
Together we will celebrate the return to our roots
Remembering that one day,
We left for the American Dream
The dream that became a lie

My Beloved Father

by Sylvia Lopez

Hi Miguel, how are you all doing, brother?

I'm happy to hear you are okay. We're good too. We're alone now, away from all the yelling and abuse. We can enjoy the house, our food, going out. I hope I can go to Mexico soon and be with you all.

Papa is in the hospital? What happened? What's wrong?

Tests? Why, is he not feeling okay?

Don't hide anything from me, tell me what's happening.

What? Emphysema? No, Papa is very strong. It can't be.

Terminal? There has to be something you can do, get a second opinion. Don't just let this happen.

Please keep me informed about what is going on. Whatever you need, just let me know. Take good care and take care of papa.

Two months passed by and I thought all was going well. We were going to celebrate my daughter Dany's birthday. She was turning three the next day. She was so happy. I couldn't believe how fast time had flown. We got home after a long day of shopping.

"I'm so tired, what a good idea to eat out. I wish we could do that every day. Kary, hija, get things ready for Dany's school tomorrow. I'm so glad your teacher is letting you get to school later. We can sing Dany las mañanitas, cut the cake and eat with the kids. I'll take you to school before work. I'm going to bed early. Tomorrow is a long day," I told my daughter.

The phone rang. It was nine o'clock at night.

Hi Miguel, how are you doing?

We're good. Getting ready for the party tomorrow, Dany's birthday. Did you know her birthday is the same as mama's? I'll call her tomorrow to wish her a happy birthday. How is papa doing? Is he getting better?

Oh, he wants to talk to me? Not to scold me like always I hope? Hahaha.

What do you mean you took him to the emergency at the hospital? I thought he was doing better! Pass him the phone...

Papa, how are you doing, what happened?

I'm okay, papa. Alone now with my daughters, but doing really well.

Papa, don't say that. You will be okay.

Don't worry? You know my situation here, and that I can't go see you. I'm so sorry, please forgive me. I love you.

You don't have to apologize. I know you love me too.

Miguel, what happened? You told me he was getting better.

What do you mean you didn't want me to worry? How many times has he been hospitalized? You should have told me the truth. Now what is going to happen?

Tell me, what?

One hour after the call...

"Kary, help me. I feel very bad. I feel like something inside me is slipping away. I feel like I'm dying. Kary, hug me. I don't want to go. I don't want to go. Something has abandoned me. I feel empty. It hurts, it hurts, it hurts. I feel alone, very alone."

The next day...

"Hijas, time to get up and get ready for school and to celebrate Dany's birthday."

This day I felt different, I felt alone and empty. But it was my daughter's party, her first year in pre-school and she just turned three. "Please, I need strength. I don't want to look so broken, but I feel different," I said to myself. Kary, my fourteen-year-old, didn't want to go to school. She was worried and didn't want to leave me alone. We were heading to work when I got the call.

Miguel, how is papa?

No, I'm not home. I'm driving to work.

No, I'm not alone. Kary is here with me.

No, don't tell me to stop. What happened, what happened?

No, it's not true. Not papa, no.

He said goodbye the night before at 10 p.m.

He said goodbye to me. I will never see him again. I didn't fulfill my promise to return. I thought I was only going to be in

Los Angeles for three months. He told me we would never see each other again.

He hugged me goodbye, and on the last night he told me he understood. He understood. But I didn't understand why all of this. Why my family was separated and why we had to be so far away from each other, and now, I would never see him again.

The next day...

Miguel? The family is all there with papa? Oh, now they remember him? I don't want to hear about them, I don't care. So what's happening? They are about to pray? No, don't hang up. I want to hear until they are finished with the prayers. I don't want to talk with anyone. I just want to listen until it's over.

I heard a lot of people. Lots of people who didn't worry about my papa or us and were now praying for him. I didn't want to imagine my papa in the casket.

Hail Mary, Mother of God... pray for him. I want to always remember his joy. Papa watering the plants and sweeping the patio. This is how I will remember him, like the video my brother showed me of my papa, on the patio.

That is how I will always remember you, my dear father. Mi querido viejo.

The Blessing
by Claudia Reyes

The last thing I ever received in person from my maternal grandmother, Josefina, was la bendición. On June 18th, 1997, she blessed my mom, Aldo and me just before we got on the combi* parked between our house and hers. The combi that took us to the bus to begin our journey from Tepa to Tijuana. Receiving a blessing from my abuelita wasn't strange. She did this every chance she got.

I received la bendición from her just before I went to sleep when I stayed at her house, just after she would ask me to read from her favorite prayer book, *Fifteen Minutes of Company with the Sacred Jesus*, although since I was such a slow reader, I always took longer than fifteen minutes to read the prayer. I don't know if she actually liked my reading, or it didn't matter how long it took because she didn't have any other option but to wait and wait until I finished, since she didn't know how to read. Still, I always appreciated reading to her.

My abue was always by my side, literally. The wall of her house was attached to ours. From the time I was born until I was thirteen years old, she was always there in the same house. And when she was alone at home and needed something, all she had to do was pick up the old gray rotary telephone that circled around each number. She knew she only had to dial once to reach zero so the phone would ring in our house that was connected to the same landline.

She was so close when Emmanuel and Alex fought, to escape one from the other, they only needed to go to the roof and slide down a pipe to get to our grandmother's rooftop and through the staircase to be by her side.

When I was hungry and my mom and dad were not there because they were working, I knew all I had to do was go to my abue's house for her to give me some food: a little soup or beans, and when I was lucky, chile relleno.

On rare occasions, I was tasked with making pancakes on Saturday or Sunday. The first ones I made were for her. Now as an adult, when I make pancakes, I realize the first ones I make turn out ugly or raw. Maybe because she was 75 years old already and her palette wasn't the greatest, she never complained about them.

Sunday was my favorite day to be with her. We had a full agenda. After 7 a.m. Mass was over, I had to run errands. While she walked alone towards her home, I ran ahead to the market to buy fruit, vegetables or to the dairy store for cheese, sour cream or ham. I'd run back with bags full of food towards my abuelita, only to find she had walked half a block. Seeing her there, I gave her my right arm to hold onto so we could walk together one more block home to her house.

After putting the food away, and watering the huge pots filled with flowers and plants on her rooftop, I'd get two to five pesos every Sunday, my pocket money for the week. I would run to the store, spending the rest of the day, gorging on potato chips and drinking soda from a plastic bag.

Every Sunday, back at my abuela's house, we also waited for my cousin's call to pick us up and take us to my tía Carmen's house. We spent the rest of the day at my tía's house. The sunset was our cue to begin to walk the thirty minutes back to abuela's house.

On the Sundays when she couldn't even go out to Mass because she was in pain, we watched Mass on the TV. After the priest gave the blessing on the TV, my grandmother blessed her children and grandchildren who lived on the other side or who were not next to her at that moment.

When we went to her medical appointments through the public health department, we walked three blocks to get to the center of town and catch "la burra," an old bus everyone called "the donkey," that picked up passengers to take them down the main corridor of our city where the public health clinic was located. We spent hours sitting in the clinic waiting for them to attend to my abuelita. It was a good time for her to pray the rosary and give out blessings.

So on June 18th, I could have never imagined this would be the last time I would see my abuelita in person and receive a blessing from her. That was a happy day for me because we began our trip up north to be with my dad. A year had already passed since he left for the U.S. My mom told me we were going to Disneyland. Maybe this was a distraction so I wouldn't know what was about to happen: that we were going to stay up north and not return to Tepa, living alongside my grandmother.

After we spent a couple of days in Los Angeles, the big day arrived when my uncle took us to Disneyland. I was desperate to go, I didn't mind waiting in long lines for tickets to get in or get on the rides, because we were there, in Disneyland! In this place, despite having to leave my grandparents, brothers, aunts and uncles, cousins and friends behind. I waited for the autograph of characters I had only seen on TV and learned different songs and cultures in one simple amusement park. Yes, Aldo, my brother, and I were happy that day, in "the happiest place on earth" full of mice and princesses.

But I don't remember seeing my mom happy throughout the day. We were together in this place, Disneyland, but our family continued to be separated. My brothers, Emmanuel and Alex, stayed in Tepa. And we still hadn't seen my dad yet because he was up in Northern California.

Nineteen years later, I returned to Tepa again and my abuelita, Josefina, was no longer there.

But my abuelita Socorro was there, in Rancho Nuevo, Zacatecas, sitting in her bed and reading her prayer book. I entered her room and sat by her side while she tried to guess who I was. It's understandable. At 97 years of age, she had over 100 grandchildren, and it had been 21 years since she saw us. I started to give her clues as to who I was, until she guessed I was Jose's daughter.

Thanks to my aunts and cousin who lived close to her, she lived a life of dignity and could still do many things on her own. After passing through the patio between the cats and chickens, my grandmother came to the kitchen, slowly in her walker, and sat in her spot, her favorite chair. After eating her beans fresh out of the pot, with her super spicy tomato salsa and freshly charred serrano chile peppers, I had to drink lots of water to get rid of the spicy sensation in my throat, which didn't even as much as tickle her throat when she ate. It was time to clean the beans we would eat later. Her next activity was to fix the plants and pots that were on the patio, making it nice for Christmas Eve.

That night, Aldo and I had the good fortune to be the godparents of baby Jesus, a ritual we had forgotten. This ritual involved praying the rosary, singing songs between each mystery, bathing baby Jesus, and then passing him along so each person in the house could give him a kiss. It is the tradition that my grandmother be the first to kiss baby Jesus. My grandmother had kept this baby Jesus for many years. She told me the story of how when she married my grandfather, she said she wanted a baby Jesus for the nativity scene during Christmas time. One day a man came by, selling baby Jesuses in preparation for Christmas nativity scenes, as is the tradition. My grandpa did not want to buy one, but my grandmother convinced him.

My grandmother is a strong woman and her secret to longevity is to take agave nectar every morning. My grandmother is a countrywoman, and caretaker of animals. She is also the midwife of her community, helping women give birth, often in exchange for some eggs or chickens. On other occasions she does this work without receiving anything. Regardless of whether it's day, night or dawn, she has helped hundreds of children come into this world, and none of them have died during childbirth.

After we returned to Mexico and reunited with our only living grandmother, it was time to say goodbye. I'm not sure if we will see her again. In her room, Aldo and I knelt at her feet. We said goodbye by kissing her hand, and with a prayer and her blessing, she said goodbye to us.

Combi is the name of the Volkswagen van used in Mexico for public transportation.

Chasing Dreams

by Mirna Ruíz

Twenty-two years already, I've been living in California. It was not until I moved here that I heard about the so-called American Dream, which meant being a homeowner with a generous income. But being part of the immigrant community, we have a "part one" of the American Dream. It's very simple: to work honestly, without fear, and have food in our homes to feed our families. The other dreams come after.

As many of the women do when they've recently arrived in this country, I worked as a nanny, taking care of children and cleaning homes. Then I switched to factory work and ultimately got a job in a warehouse. After three years of working, I got married! This new husband suggested I dedicate myself to our home, to attend to the love nest, and he would be in charge of providing for us financially. This meant trusting he would cover the expenses for rent, food and perhaps enough to occasionally try some good food from the taco trucks on weekends.

We started as a family of three. I have a daughter I brought from Mexico when she was two and a half years old. My work back then was better than my future husband's when it came to pay and working conditions. And even so, I agreed to quit my job and dedicate myself to my home and family. I birthed two other children, as precious as their older sister.

My marriage was difficult in many ways. I wanted it to succeed, and because of this, endured many unjust situations. Some actions can be forgiven, but others deserve no forgiveness, not from God, nor from the laws of men. After living eleven years in the darkness, I finally decided to divorce.

When I got married, it was a time in my life when I felt like I was flying. When I got divorced, I had to learn to walk again. This metamorphosis was the reverse of butterfly to the caterpillar. It was hard work, but I also learned a lot. I hope to not trip over the same stone ever again. They say, "It's not bad to stub your foot on the stone; the bad thing is when you grow fond of the stone afterwards!" That's so messed up.

I faced searching for work again. Someone told me about a women's organization that fought for the labor rights of domestic workers. Even though it wasn't a job placement agency, I said to myself, let's see what's there. That's how I arrived at the organization, Mujeres Unidas y Activas (MUA). I don't regret coming here out of curiosity. MUA has helped me in many ways.

First, it has allowed me to speak and be heard. During my years of marriage, I had allowed my ex to place a gag order on my words. My opinions had no value. He would say for example, "Shut up, woman, you don't know anything. I'm in charge of this family."

To which I would reply, "Listen to me, remember, two heads think better than one."

"They do not! If this household had two heads, it would be a monster!" I did not know whether to laugh or cry. This part of my life that was so silenced, may explain why I participated so passionately at MUA member meetings. I had a deep-seated need to be heard and validated.

Second, they made me feel like I was in a safe space and their atmosphere was confidential. What you express about your personal life in MUA stays there. It's like the laws of Las Vegas, but without the sin. But it definitely doesn't make time spent there boring!

Third, I have been able to travel, which has been fun, but more importantly, for the benefit of our community. For example, I've gone to the state capitol in Sacramento, visited the offices of legislators to garner support, telling them about our bill of rights and proposals that improve the conditions of domestic workers (housecleaners, caregivers of children and elders). We've advocated for fair pay, overtime, and the right to rest breaks after working long hours. I've lived the emotion and anguish of the journey and fight for our bill of rights—as our bill was first debated in the State Assembly, won the votes it needed to reach the State Senate, then continued onto the Governor's desk, and finally became law.

Fourth, I've been given the opportunity to learn about different topics through courses MUA offers, such as the

Leadership and Unity for Community Power training. That's when, finally, the light bulb went off, and I understood the crushing power of patriarchy. When you're able to access this information, you begin to notice it on a daily basis, in your community and in the intimacy of your home.

My example: I went through postpartum depression after my last baby, which added to the daily stress of my marriage. I needed a break away from home, and one day I told my ex, "I want to go out and take classes, maybe arts and crafts, or English classes." My ex was surprised and with a loud voice said, "You? English classes? What for? To speak in English to the bean casserole? Oh, how lovely! My woman out in the streets, and I'm here at home taking care of the children." Again, I was between crying and laughing. I know now how much this patriarchal system dictates the power of men and their rule over women. There is much to say and fight about this issue.

MUA also offers Soul Counselor/Consejeras del Alma trainings. We're given the tools to listen and not judge. We support women who are going through abuse or any kind of violence. We share with women resources available in our area, based on each individual case. In our Care for Seniors program, we learn how to care for an elder with limited abilities to move, to solve their basic needs, such as personal hygiene, and the preparation of their food. We also get certified in CPR and can renew after two years.

MUA has been my school of women empowerment. I am very grateful for all the opportunities given to me, and to the extent of my capabilities, I give back to the organization, participating in everything I can. I've benefited personally with these trainings and I hope to give back to others.

I went to one training after another, eager to get information. Besides participating at MUA, I was job searching and participating in two different reading clubs in Spanish. But without neglecting my duties with my children, of course. My brain was very stimulated. I read for pleasure in my book clubs, and I read material from the trainings I attended and equally enjoyed all of it.

Now, a new consciousness had been added to my old worries. Bedtime was the worst. I had so many bad dreams that did not allow me to rest the way God intended. Or was it that God intended we rest only on the seventh day? The day on which not even hens lay eggs. If that's the case, I didn't even rest on Sundays. My worry of finding work often seeped into my dreams and took me to a different place.

An arm, covered in a long gray suit sleeve, opened the door for me.

"Come sit down. She will be here soon," said a voice.

I was in a simple small room with smooth white walls, two chairs and a honey-colored wooden table next to the wall. On the table were stacks of magazines.

I sat in a chair facing the wall and heard voices filtering through the door behind me.

"Now what? Where the hell am I?" I asked myself.

Several people came in, but I couldn't see them. I heard a male voice tell me, "Your job is to review all these publications and cut out the photos where *she* appears with her two daughters."

I started flipping through the magazines. I felt someone settle in the adjoining chair, but it didn't distract me from my task of selecting photos. Below the stacks of all the magazines, I managed to find an interesting cover. A half hidden, half visible image suggested a middle-aged woman and her two young girls.

"Bingo!" I said, and pulled the magazine cover out from under the magazines. I didn't think about the weight of the other magazines on top of the one I wanted, and wham! I tore the cover of the image, just a little bit, not too much.

And then I heard a scream.

"You ripped it!! You ripped it!!" as a brown skinned hand snatched away the magazine.

"Oh! I'm so sorry, Mrs. Obama! But everything is okay! Look! The photo, it's still good!" I quickly replied.

Yes, it really was her! And I had been hired by the White House!

"You ripped it!! You ripped it!" she repeated.

I could die! With the First Lady yelling at me, the secret service was going to arrive soon. As soon as I finished my thought, I noticed the little room was already full of well-dressed men. I sent up an urgent prayer to heaven. "Dear God, please send me more English so I can convince the First Lady everything is fine!"

Several other characters abruptly arrived surrounding the First Lady and me, creating two circles of secret service agents: one for her protection and another so I did not escape.

Suddenly, my youngest son appeared, working his way through the circle of security, asking me, "Mom, are the beans almost done? I want to eat lunch already."

And I thought, "Shit! The beans! I forgot!"

Summoning my strength to appear calm, I answered my son with a soft tone, "Sweetheart, can you wait for me at home? I'm trying to solve a delicate matter, and as soon as I'm done, I'm going to give you your lunch."

And I saw myself walking, escorted by the secret service agents, heading for the exit of the White House, and yes, through the front door. In their custody, we passed the metal fence surrounding the property, until they accompanied me to the street.

I opened my eyes laughing at how our minds are so daring, giving us free rein while we sleep. Sometimes we are pleasantly surprised, sometimes we are terrified.

I continue in my job search. Of course, the current administration of the White House now would not want me. But I don't know, maybe I'll work at the State Capitol in Sacramento. And if anyone knows about a job there, please let me know!

It's worth dreaming, especially when your reality is so cruel and overwhelms you. Now is the time to stay awake, face our common struggles, be part of an organization fighting and resisting in our community for our rights as human beings.

I Love Oakland
by Sylvia Lopez

Driving on this cold, rainy night, again the same street: 12th Street.

My attention is always drawn to the huge billboard with a large red heart and the letters of the same color that reads "I Love Oakland" for everyone to look at.

And I wonder if they also look to the left side of this sign. How ironic. This is the side where the real heart exists. I can't see it but I can feel it.

I feel how my heart wrinkles when I see the abandonment, the injustice, the pain, the loneliness that emerges in each one of those impromptu little houses made of cardboard, little country houses, where families, children, old men, women, pets, are wounded by eviction and power.

How many others at this moment are in their warm, comfortable homes enjoying a nice dinner?

Do we think of them, those living in cardboard houses, where the wind crosses from one side to another?

Or the parents who hug their children, blending their tears with rain?

Accompanied only by the sounds of the rats scurrying and the rumble of BART, a technology that does not take them anywhere.

The choochoo of the train, a sound of a sad cry of pain because no one cares anymore.

My question is, if we really loved Oakland, how far would we go to do whatever it takes to end this fucked up system?

Work in Spain
by Susana Cabrales

Susana wrote this piece at a leadership training for new members of Mujeres Unidas y Activas (MUA). We were discussing the histories of African diaspora in the Americas and the U.S., anti-Black racism in Latinx communities, and what it meant for MUA to engage in racial justice work as Latinx for Black Lives.

Upon entering the room where they had indicated I should sleep, I found three African men—two young and one elderly with tribal marks on their faces—curled up around a small fire with a pot of food in the middle. Blacks! Nothing I had lived through had prepared me to deal with how frightened I was, or the realization that I would have to spend the next few weeks with these strangers. I don't know how I controlled my desire to run as far away from there as possible. But where would I go? Despite my fears, I had to stay.

The place had a small loft with a ramp that reached half way, and with the help of a rope, one could climb up. It was a pigeon-coop of sorts, and we decided that was where I would spread my sleeping bag at night for the upcoming weeks.

We left early every morning, needing to be at the farm at 5 a.m. to start our day. We stripped the trees of their fruit one by one, filling the boxes and stacking them to be ready to load into the truck in the evening.

We stopped mid-morning for a snack; eating bread with dried sausage, and a little wine, which was a must in Spain. By 1 p.m. we returned home to eat. We'd have to go to the store, look for firewood, fetch water, then prepare our meal and be ready to be back on the farm by 4 p.m. We saved time by dividing up the tasks. We ate around the pot of food in the middle, telling stories, and taking advantage of the break in the day to have a chance to talk.

One Sunday, there was no work due to a family celebration. This allowed us time to go into town for a proper bath. The buckets of water given to us on the farm couldn't rid us of all the dust and grime. But at place after place, the response was always the same, "We can let you in since you are a white woman, but Blacks are not allowed here."

The agreement at the start of our work was that we would get small cash advances to buy food, but our final pay would be given at the end. When work became scarce, the foreman brought us to the courtyard and told us he needed to reduce the staff. I was the first person he let go, I imagine because I was a woman. Then he began to calculate my pay. He handed me the money, which seemed like very little, and I asked for an explanation. He told me that they didn't pay overtime on Sundays, despite that being the custom, and because I was a woman, my salary was half of what the men made.

I could not believe it. So it didn't matter how hard I worked to produce at the same level as the men. I stopped at nothing to be an equal member of the team, regardless of my gender. And now they come at me with this? Why didn't they say something when I was climbing trees, carrying bales of fruit, or helping to load the truck? The rage inside me was building. The only thing I could do to get the disappointment, the feeling of impotence and fury out from within was to throw my pay at the boss's feet, screaming at him that he needed the money more than me.

Outraged, I gathered my things and left. I walked and walked until I got to a small square in the village. Only then was I able to grasp the weight of what I had just done. What was I going to do now? Where was I headed? How and with what money? I cried. I cried out of loneliness, helplessness and fear, until I saw them approaching: two of my fellow workers, these men of Africa, whom I had learned so much from, these men who had welcomed me and helped me throughout the long days.

They came toward me. They came to give me my money. They had picked it up off the ground and put in their own money from their pay to even out what had unjustly been taken from me.

Freedom

by Sylvia Lopez

Daughter, please don't turn on the TV. I don't want to cry. I don't want to see so much sadness; the bodies of innocent children. I don't want to see the deeply sorrowful gaze of the grieving survivors, the ones who are alive, but dead on the inside.

Please don't turn on the TV: deportations, families torn apart. The insults endured because of the color of our skin, our beliefs, our gender, our language. Insults endured because I am a woman, because I am an immigrant and because I am a worker.

All this hate hurts. It pains me to see so much destruction and lack of respect and devaluing of life. We are seen as the enemy.

Let the screen stay dark because not even our rivers are clean, nor our air pure.

Just like we destroy each other, we destroy our environment. Little by little we murder our Mother Earth who gave us life, who gave us everything.

Daughter, I really don't care if you turn on the TV, because when I go outside into the street, I can't avoid the anger I feel in seeing families seeking shelter in homes made out of cardboard; victims of displacement, oppression, discrimination.

Daughter, today I will leave the house unafraid. I want to honor each and every life. Honor each teardrop and honor my ancestors. Today, I will go out in search of freedom.

My Silly Sister
by Chuy Hernández

*This is dedicated to one of the most bad ass women I know,
Claudia Araceli Reyes Huerta*

She is a warrior, fun, adventurous, dreamer, loving, strong and
   spiritual
With you, everything is more fun
With you, I see life differently
With you, I see loving presence
With you, I know what true friendship means
You are a light that shines amidst darkness
With you I learn how to appreciate a friendship, one that is hard
   to find and does not happen every day
With you I learn to respect decisions, to disagree in a healthy way
With you I learn how to share not just the happy and funny
   moments, but the harder ones too
With you, I learn that happiness comes not only from receiving,
   but also from giving
With you, I learn to listen when I'm wrong, because I hear your
   voice speaking to me with respect and love
With you, I learn to laugh at the difficult situations life presents
With you, everything is an adventure; you are like a treasure hunt
You astonish those around you with your humanity and integrity
You are a ray of sun, making any place you go, shine
You are the sweetness of honey; everyone who knows you wants
   to spend time with you
With you, trying different foods from different cultures is fun
With you, I learn to celebrate the achievements and successes of
   everyone

Together we bring out our inner child, playing games at the
   carnival,
Making faces and laughing at it all
You are a ray of light, hope for our community and me
With you, I raise my voice to shout, "No justice, no peace."
Together we shout, "ICE, out of our communities."
With you my sister, I will share new challenges, adventures and so
   much more
I love you, admire you, respect you and to me you are simply, the
   best

Sacramento

by María Morales

I am a domestic worker. I have worked for many years cleaning homes, taking care of children and assisting seniors. As an undocumented person, I thought I did not have the right to labor protections. There was no paper trail to show my low wages and countless hours worked.

A friend told me that Mujeres Unidas y Activas (MUA) was fighting for a bill of rights for domestic workers and needed the governor's support to sign the bill. I did not see how we could ask the governor for something that would value my rights.

The truth is, I didn't believe that as an independent worker I had labor rights. I told her I did not see the possibility of anyone taking into account the rights of domestic workers. And even less of a chance a law could be implemented. This work, in my experience, is very undervalued and we are often discriminated against. I was in disbelief this law would pass and told her she was wasting her time trying to convince me.

One day this same friend asked me to support her in electoral work she was doing with MUA. She was recruiting volunteers, and I only agreed to support her because of our friendship. But my participation as a volunteer to get out the vote motivated me to stay involved in the organization.

I decided to go with her to Sacramento to ask the governor to support this Domestic Worker Bill of Rights. It was there I first saw a person with disabilities fighting for the same cause, and I started to think differently. She spoke at the press conference as a member leader of Hand in Hand, a group of domestic worker employers, about the importance of personal attendants who support her to live independently, and the need for their labor rights to be valued and recognized. I thought, wow, she is an employer and I am a worker, and we are both here fighting for the same cause. I believed then, if we were united, we could achieve something good. And that's how I began to believe in the power of this campaign and continued to stay at MUA.

While at MUA, I was fortunate to participate in the National

Domestic Workers Alliance (NDWA) Assembly in Washington, DC. It was a beautiful experience, I had the opportunity to meet and share stories with many other domestic workers. In the assembly I also saw again the woman I first saw in Sacramento from the disability justice community who had inspired me to be part of this movement. I was glad to see her again, and I thought, "What a fighter, nothing stops her. She is a great example to follow." I was fortunate to bump into her in one of the corridors of the hotel where the event was taking place. I said hello and told her she was my inspiration to be part of this movement. We took a picture and went our separate ways.

The next day I had the opportunity to attend a workshop about personal attendants for people with disabilities, and she was the presenter. I found it very informative, and she told me that she would be at MUA a few months later, teaching that same workshop. I was glad to hear this because I knew I would be there as a participant in MUA's adult care training. The day of the workshop, the woman who inspired me came along with her co-worker. Before she started, she said to me, "Let's see what you think in the end, Maria! We have made some changes to our workshop."

They added a role play, simulating the encounter she and I had in the hotel corridor. After the role play, the woman explained why she felt bothered by me telling her she inspired me. She said it was because she did not understand how a person could inspire another person at first sight. She also explained that society has a tendency to approach people with disabilities from a charity model, and that being a person with disabilities does not mean having to be treated differently than others. It was then I realized I had offended her without intending to. At the end of the workshop, before I could explain to her why she had inspired me, she disappeared! I was sad I didn't get the opportunity to explain why, but I also wanted to let her know what she taught me and how I saw things differently thanks to her.

One day Dalia, an organizer at MUA, asked me to attend a workshop and present my story to a group of young people with disabilities who were thinking of living independently from their parents and needed personal attendants to support them. They wanted to know the experiences of workers. I was surprised to see the woman who gave the workshop there again too. I didn't know she was going to be there. I got very nervous because I did not want my words to hurt or offend anyone. But I also thought it was time to apologize to her, which I did. I explained why she originally inspired me and thanked her for work in this movement. I think she was glad to hear this. Her facial expression shifted.

A few months later, I received a very special invitation from the group of young people and from her to participate in the closing ceremony of their training. My story and journey had impacted them and they wanted to share this with me. I am grateful to MUA for opening the doors to me to strive for justice and for allowing me to be a chingona among you all.

My Barrio is Beautiful — Where I Live
by María de Jesus

Where I live, my barrio is beautiful, with a view of the bay and the city of San Francisco.

Where I live, we are a mix of communities: Latinx, African-American, and Samoan.

In my barrio, I always see a street sweeper. He reminds me of the block where I lived in Mexico, greeting me in the mornings.

My barrio, where I live, is one of the forgotten neighborhoods of San Francisco, one of the public housing projects. It's hard to get pizza or UPS to make deliveries, and in some cases, taxis don't show up either. The media fabricates a need to fear our barrio, embedded in an unjust system.

When I came to live in Potrero Hill thirteen years ago, I too was terrified by the stereotypes I carried with me about some communities. I was afraid to walk around. I felt like *they* were going to assault me or hit me. I didn't let my daughters play outside. I did not have the courage to look my neighbors in the eye. When the police arrived to patrol the neighborhood, I felt more secure. I thought they were there to take care of us.

After a few years, I pushed past the fear, and I soon discovered that all those unfounded messages in my mind and heart were not real. I started by saying hello to my neighbors, not hiding my purse, going out and playing with my girls, getting to know the people who lived right next to me.

Where I live, we are a community and we protect each other. Now my neighbors take care of my daughters and I take care of their kids. We share our meals.

Where I live, I feel a sense of security and community. Police, even helicopters, continue to arrive, continue to intimidate and isolate our community. Now I know the police are not the solution. I learned that a united community makes a community safe. And that's what makes the place where I live even more beautiful.

We Watch Out — Where I Live
by Claudia Reyes

Where I live, we have to watch out for who knocks on our door. Where I live, it's not safe to leave the door half open or unlocked. It's not because we're worried about the cold air coming in or the wind blowing in leaves or dust. Where I live, we have to keep our door locked with a chain because ICE might arrive and try to tear it down. Now, before we open the door we have to look carefully through the peephole or the window curtain to see who is knocking.

Now, where I live, we have to train the kids to not run to open the door. Where I live in this country, we don't even know our neighbors well, much less now when we have an underlying fear they may be ICE informants.

Where I live, now we spend almost all of our time watching TV, seeing how dumbass 45 keeps fucking us over with his damn wall and deportation priorities.

But in the same place, where I live, there lives a woman warrior who fights back, fasts, walks 100 miles or more against deportations and the separation of families. Where I live, my mom also lives, and she is not afraid to open the door to her neighbor.

Where I live, on Sundays we don't lock our door with a chain, because that's when the family comes by to be together. Where I live, my mother talks with her grandchildren, telling them to not be afraid, because the government is afraid of us. My mother shows them how she is here Without Papers and Unafraid.

That is where I live.

The Perils of Silence — Where I live
by Lulú Reboyoso

Where I live there is fear
Where I live there is hate
Where I live I am in danger

Where do I live, why do I live here?
Who knows where I live and why I live?

Where I live is where I want to live.
Why can't I stay?
Where I live I see the pain in my daughter's eyes
Because she was made on the side, where she does not live, and
    now is not included here
Why can't she feel free from the pain of where she lives?
Where I live my son is afraid to speak of his fear
He suffers from our peril in silence
Where I live you feel the fear of being hated permeating
    throughout my community
Where I live we want change
Where I live we don't want hate
Where I live we want to love
Where I live we want to dance and sing
Where I live we will fight until there is no hate or fear and we can
    all live where we want to live.

To Live in the U.S. You Need...
by Las Malcriadas

To Live in the United States you need
To find community
Know your rights so ICE doesn't fuck with you
Have family by blood and chosen family
To live off of the memories of your family
Have a hardened heart so that nothing can affect or impede the
    dreams you are building

To Live in the United States you need
To confront the invisible walls
Resiliency
To organize
To have self-worth
To feel proud of your culture
To keep your roots present

To live in the United States you need
To maintain the memories of your family amidst lukewarm love
Work that will not trample your dignity
Money to survive and a home to sleep in
To learn to speak English
To study, attend trainings, prepare
To have a dream

To live in the United States you need
To find a reason
A prayer
A job
A place to live

A good friend you can confide in
You need to leave your family and friends behind
Leave your home where you grew up
Leave your freedom

To live in the United States you need
To guard well your ovaries
when you're a single mother
Make sure your children get ahead
Hold your heart in your fist
And tighten real hard

To live in the United States you need
To swallow your tears
When you couldn't say goodbye to your father who died
Have hope that the wall will collapse
To know that the weapon of discrimination is pointing at your
    heart
To have hope that you will receive an embrace
of those from the other side you had to leave behind.

Mujeres Mágicas

Domestic Workers Right to Write

by Las Malcriadas

Edited and translated
por Karina Muñiz-Pagán
y Argelia Muñoz Larroa

La segunda mitad del libro es el edición español.
La tabla de contenidos en español es en pagina 154.

FREEDOM VOICES
P.O. Box 423115, San Francisco,
California, United States 94142
www.freedomvoices.org
orders@freedomvoices.org

La tabla de contenidos en español es en pagina 154.

Agradecimientos

Antes que nada quisiera agradecer a todas las escritoras que contribuyeron a este libro, las meras xingonas. Estoy muy agradecida de estar en este viaje con ustedes y de haber presenciado su talento, creatividad y coraje. Gracias por todas las lecciones que me han enseñado y por haber abierto sus corazones para este proyecto. Su resiliencia e inspiración me han transformado mucho más de lo que puedo expresar con palabras. Las quiero mucho.

También quiero agradecer a Jess Clarke, Kitty Costello, Christine Joy Ferrer y al equipo de Freedom Voices y Reimagine!, quienes publicaron este libro. Gracias por creer en este proyecto y por hacer posible que estas historias tan poderosas salgan al mundo. Aprecio mucho el trabajo arduo que hacen.

Gracias a Argelia Muñoz, querida hermana, por el trabajo que ha hecho para asegurarse de que las historias fluyan a través de los lenguajes y las culturas.

Gracias a Mujeres Unidas y Activas (MUA) por su capacidad de enseñar expresión literaria y crear un espacio para el poder de la palabra. Y gracias a todas las compañeras increíbles que he tenido el honor de organizar y junto con quienes hemos construido a lo largo de los años .

Muchas gracias a Mills College por darme la enorme oportunidad de ser socia de la Vinculación Comunitaria. Un agradecimiento especial a las profesoras Elmaz Abinader, Patricia Powell y Truong Tran quienes me ayudaron a planear las clases y estuvieron ahí para escucharme y guiarme. Gracias a Lisa Gray por su clase Project Verb y enseñarme lo que significa la pedagogía comprometida y como ponerla en acción en el salón de clases. Gracias a Achy Obejas por creer en esta antología y por sus enseñanzas sobre traducción literaria. Y a Stephanie Young y Micheline Marcom por su apoyo continuo al proyecto. Un agradecimiento de corazón a Susan Ito por el ejercicio de la "auditoria de la memoria" que dio a luz a muchas historias. Gracias también a mis compañeras de estudio: "thesis peeps"

Stacy Johnson, Brit Hill, y Phyllis Oscar, así como a Mimi Barillas, Van Dell y CF Pinto por asistir, participar y ofrecer mucho amor y motivación.

También quiero agradecer al ex-socio de Vinculación Comunitaria de Mills y Vonista, David Maduli quien me dió muchos consejos e ideas para el currículo del proyecto, como el poema Paint Chip, un ejercicio que ahora está plasmado en la página. Gracias a Voices of our Nations Arts Foundation (VONA) por ser los catalizadores de grandes historias y redes de escritores de color. Y gracias a D'lo por su consejo en cómo mantener un taller de espacio creativo que requiere mucha vulnerabilidad y confianza.

A mi maestra Cherríe Moraga por su sabiduría y guía en el taller y la ceremonia. Mil gracias.

Gracias a Carolina de Robertis y Sara Campos por sus ideas y apoyo para las clases y la antología durante varios años. A Luann Strauss de Laurel Bookstore, Gina Goldblatt de Liminal y San Francisco Public Libraries por concedernos un espacio para leer y compartir nuestro trabajo.

A Claire Calderón y Amanda Muñiz por su apoyo al proyecto y asistir a las clases cada semana; a Claire por los clips de audio maravillosos; a Crescent Diamond por video-grabarlo y documentarlo.

Y de manera personal, gracias a mi pareja, Lynette Muñiz-Pagán, por apoyarme cuando este proyecto requería una concentración intensa y que me ha escuchado hablar de "la antología" ¡más veces de las que puedo contar!

Karina Muñiz-Pagán
April 2019

Prefacio

por Karina Muñiz-Pagán

Soy la nieta de trabajadoras del hogar inmigrantes y una escritora conectada a la frontera. Como si mi cordón umbilical ancestral estuviera enterrado en el desierto del cruce de Estados Unidos y México, he pasado los últimos años excavando historias nunca contadas.

Cuando mi padre tenía diez años de edad vivía en el barrio Val Verde en El Paso, Texas. Un día, en 1947, jugaba béisbol con sus amigos en una calle de terracería cuando las camionetas verdes de la patrulla fronteriza avanzaron hacia ellos. Los niños se dispersaron rezando por que la migra no se los llevara lejos. No importaba haber nacido del lado de la frontera de Estados Unidos. Corrieron pasando los rastros de sus vecinos, familiares y amigos desaparecidos. En aquel entonces, apenas habían pasado diez años de la deportación masiva de miles de mexicanxs y chicanxs culpados por la crisis económica del país.

Hoy en día, los migrantes son los chivos expiatorios en todo el mundo y la frontera de México con Estados Unidos es la zona cero de políticas mortales y draconianas. Las historias de resiliencia y sobrevivencia como las de este libro deben ser excavadas con urgencia renovada.

Como activista por los derechos de inmigrantes, la primera vez que supe de Mujeres Unidas y Activas (MUA) fue en 1999 cuando escuché a Clara Luz Navarro, co-fundadora de MUA, hablar sobre su trabajo en un entrenamiento para consejeras de sobrevivientes de violencia doméstica. La vibración de Clara Luz llenaba la habitación. Tenía el cabello corto con tinte rubio y una voz que te hacía enderezar la postura y escuchar atentamente. Habló de la dignidad y del poder de las mujeres inmigrantes latinas en San Francisco quienes limpian casas, cuidan niños y gente mayor, hacen que todos los otros tipos de trabajo sean posibles y además construyen su propio poder. Lo que dijo Clara Luz resonó en mí.

Mi bisabuela materna, Karin, era trabajadora del hogar

también. Ella migró de Suecia a San Francisco y trabajó treinta años para una familia en Russian Hill. Mi abuela paterna, Candelaria migró de México a Estados Unidos y la sacaron de la escuela primaria para que fuera trabajadora del hogar, lavando ropa para otros en la frontera de El Paso y Ciudad Juárez. Siendo que las abuelas de ambos lados de mi familia migraron a este país para hacer el trabajo usualmente invisible e invaluable del cuidado del hogar, me atrajo la labor que honra la dignidad y el valor de las mujeres migrantes y trabajadoras del hogar de hoy, así como, su legado.

MUA es una organización de base comunitaria por los derechos de inmigrantes latinas y trabajadoras del hogar del Área de la Bahía en California. Trabajé ahí como Directora Política mientras que estudiaba también la Maestría en Expresión Literaria en el Mills College. Como socia de la Vinculación Comunitaria, el Mills College me dio la oportunidad de enseñar expresión literaria fuera del trabajo de campaña. Este libro incluye escritos de las participantes en esos talleres y refleja los logros de la misión de MUA en el arte y la literatura. Las escritoras de MUA también han estado al frente en la preservación de San Francisco como una ciudad santuario. Juntas hemos ayunado y participado en la desobediencia civil. Me han enseñado lo que significa ser valiente, cuando han puesto en riesgo su propia seguridad para fortalecer el movimiento #NiUnoMás contra la campaña de deportación y para guiar el movimiento por los derechos de las trabajadoras domésticas en el estado de California.

En 2015, cuando inició este proyecto, mi miedo más grande era fallarles a las compañeras. Yo quería que la clase valiera los sacrificios que hacían por asistir. Para las asistentes que no eran parte del staff de MUA, asistir a las clases significaba, muchas veces, decir que no a un trabajo. En el primer año, no ofrecimos estancia de cuidado para sus niños y algunas participantes tuvieron que arreglárselas por su cuenta. Para el staff de MUA, la carga de trabajo no disminuyó, por lo que las tres horas de clase a la semana más la tarea se sumaban a las responsabilidades que cada una tenía en cada programa.

Iniciábamos la clase con una ceremonia. Aprendí el poder de

la "intención" de los talleres impartidos por Cherríe Moraga, una mentora importantísima en mi vida y en la de muchas otras. La maestra nos empujaba a poner todo lo que éramos en el espacio de la página. Una de las compañeras, Sylvia, era de una comunidad indígena danzante de Oakland. Ella y su hija empezaban por reconocer que estábamos en la tierra de Ohlone y nos guiaban a través de las cuatro direcciones, manteniendo el copal encendido en el altar. Cada una de las participantes afirmábamos nuestra intención hacia nosotras mismas y colectivamente. Así era como nos manteníamos y empujábamos unas a otras a través del proceso.

Un objetivo principal para cada una de las participantes era descubrir historias dentro de ellas mismas que no sabían que existían. Estaban ahí, en lo etéreo, esperando cobrar vida. Después de la ceremonia, abrí nuestra primera clase con "Una carta a escritoras tercermundistas" de Gloria Anzaldúa en la antología *Este Puente, mi espalda*, publicado en inglés en 1981 (y en español en 1988) y co-editado por Cherrie Moraga. El libro, y la carta en particular, han tenido por años un gran impacto sobre mí como queer Xicana. Las palabras de Anzaldúa me expusieron, me rompieron y abrieron el corazón y lo volvieron a sanar, como si su voz me dijera, "Ándale mi'ja, estás destinada a hacer esto, aquí te cachamos, ahora pon manos a la obra". Deseé que sus palabras movieran a otras tanto como me transformaron a mí. Entonces, leímos partes de su carta traducida al español y también la imprimimos para llevarla a casa y leerla en su totalidad:

Escribo para [...] escribir nuevamente los cuentos mal escritos acerca de mí, de ti. [...] Yo digo, mujer mágica, vacíate a ti misma. Estrújate hasta percibir maneras nuevas de ver, estruja a tus lectores hasta lo mismo. [...] Escribe con tus ojos de pintor, con oídos de músico, con pies de danzantes. Tú eres la profeta con pluma y antorcha. Escribe con lengua de fuego. No dejes que la pluma te destierre de ti misma.

Introducción

por Karina Muñiz-Pagán

El nombre de nuestro grupo de escritoras, Las Malcriadas, surgió de una de las historias derivadas de un ejercicio en clase y que aparece en esta antología. *Malcriada* significa tener malos modales, ser rebelde y, en esta historia en particular, no comportarse como una señorita. En la historia, la joven se pregunta por qué debe hacer tantos quehaceres mientras que su hermano puede jugar.

"¡Malcriada!", le dice su tía al regañarla. Encontramos algo en común con ese mundo cuando nos sentamos en la mesa con nuestras propias historias de resistencia sobre cómo se espera que una mujer actúe en sociedad y en la cultura. Decidimos darle la vuelta al guión y acoger nuestra rebelión.

En los textos que leerán aquí, se muestra la valentía de las escritoras que cuentan las historias con sus propias voces en lugar de ser historias escritas por otros sobre ellas. Durante una lectura pública el 16 de noviembre del 2016, solo ocho días después de la elección presidencial, nuestra maestra de ceremonias, María "Chuy" Herdández, abrió el evento diciendo: "Por favor, no escuchen nuestras historias como si fuéramos víctimas, como 'pobrecitas'. Lo que compartimos no siempre es fácil y no negamos que nuestra comunidad está en crisis. Pero queremos ser vistas por todo lo que somos: con nuestra alegría, nuestro dolor y nuestra resiliencia." Después, hizo un llamado a la "solidaridad con todas las comunidades que sufren y son vulnerables".

Dieciocho líderes y trabajadoras del hogar participaron en los cursos de escritura creativa por más de dos años. No todas habían tenido acceso a una educación formal y en un principio no todas las participantes se sintieron cómodas al escribir. Trabajamos con calma, incrementando poco a poco el tiempo de escritura en clase. Al principio, se permitió a las compañeras que dictaran sus historias, en caso de que se sintieran más cómodas, hasta que estuvieron listas para escribir sobre el papel. Las historias que surgieron en la clase son vulnerables, a veces cómicas, honestas y resilientes. Se necesita valor para sacar una memoria que descansa debajo de la roca de la infancia, sobre tierras que quizá no puedes volver a tocar o ver otra vez.

De los ejercicios de escritura surgieron tres grandes temas: la infancia, "la pasada" y las fronteras (tanto las físicas como las invisibles), y la vida aquí en Estados Unidos. Así fue como dividimos el libro y el lector encontrará que algunas de las autoras contribuyeron a cada uno de estos temas. Las historias que surgieron sobre la vida aquí en Estados Unidos, también reflejan la educación política y el trabajo organizativo que hicimos como grupo de base.

En nuestros retiros de liderazgo y la continua educación política sobre la historia y la organización del trabajo del hogar, ha sido crucial que reconozcamos cómo el legado del esclavismo y el racismo sigue vivo en las leyes estadounidenses contra el trabajo doméstico; cómo la exclusión de los derechos laborales hoy en día es producto directo del racismo y el sexismo contra una fuerza de trabajo que es, en su mayoría, de mujeres de color así como de la continua devaluación del trabajo que las mujeres hacen en casa, tanto pagado como no pagado. En nuestros talleres discutimos la historia de la organización del trabajo del hogar por mujeres negras en este país: de las lavanderas, quienes se organizaron en el Sur a fines del siglo XIX, de las lideres de la comunidad afrodescendiente como Dorothy Bolden, durante el movimiento por los derechos civiles. Cuando la violencia del Estado en contra de las vidas de las comunidades afrodescendientes es rampante y el racismo anti-inmigrante se vuelve más y más enconado, comprender este contexto y escribir sobre ello se vuelve imperativo.

También nos enfocamos en la solidaridad de nuestra organización de mujeres inmigrantes latinas con el movimiento por las Vidas Negras; en cómo podemos confrontar y cambiar el arraigado racismo anti-negro en comunidades latinas. Esta antología, incluye una prosa que lidia con esta realidad.

También encontrarán la historia de cómo fue enterrada por décadas la creatividad de una niña de siete años por la furia de una madre que descubre la pasión que su hija tenía por escribir historias de ficción.

O sobre una niña de nueve años que junto con sus hermanos juega al camión bajo un árbol de capulín y paga su pasaje con hojas de árbol como si fueran pesos. Todo cambia cuando una pérdida divide a la familia y no volverá a saber nada de sus hermanos hasta años más tarde en Facebook. Van a encontrar el sonido de las sandalias de una mamá durante los apagones de la guerra y los rezos para que papá regrese a casa.

Las escritoras exploran sus nombres, algunos con cicatrices heredadas que mantienen la memoria de una abuela cuya demencia intentó barrer como el polvo por la escoba. Y también, nombres elegidos por ellas con orgullo audaz que declara "esta soy yo".

Otros ensayos dan luz sobre las profundas inequidades de nuestras ciudades, Oakland y San Francisco, así como su paisaje cambiante. O cómo estamos construyendo y entendiendo relaciones complejas que cruzan nuestros movimientos como la justicia para las personas con discapacidades, dónde lxs líderes son también patrones abogando por sus derechos como comunidad.

bell hooks escribe sobre una pedagogía comprometida; en no pedir a lxs estudiantes ir a lugares vulnerables a donde tú no estés dispuesto a ir, así compartí un recuerdo de mi infancia en clase que se incluye también aquí.

Hay un texto en prosa que habla sobre un viaje azaroso hacia los Estados Unidos, lleno de pérdida y calamidades que son el principio del miedo y la incertidumbre pero que el amor por un hijo convierte en esperanza por un mejor mañana.

Encontrarán la historia de la batalla contra el acoso sexual en las maquiladoras de Tijuana, ganada gracias a un inesperado encuentro en el mercado. Así como de la hermandad guerrera que se necesita en este movimiento y que crea un espacio para la risa y el amor protector en medio de los ataques a la comunidad de inmigrantes.

Escribir nos ha dado el regalo de la sanación, de ser vistas y tomar riesgos en un momento en el que nuestras voces tienen que amplificarse. Las escritoras han tenido que regresar a lugares llenos de una gama de emociones y darles vida otra vez para decir

– aquí estoy y sí, algunas historias son duras, pero no me veas con lástima – ve mi poder. Esta antología nos recuerda el valor imperativo de la necesidad de escribir, hablar y, como dice Edwidge Danticat, "crear un arte peligroso" contra la supresión de nuestra gente, especialmente cuando la balanza empieza a inclinarse hacia el zumbido constante que nos pide que normalicemos este momento, mientras que nuestras comunidades continúan siendo aterrorizadas.

Parte I
¡Las malcriadas!

¡Esta malcriada!

por Lulú Reboyoso

—¡Oye muchacha ve y sírvele a tu hermano, calienta su comida!

—¿Y por qué yo? Él lo puede hacer.

—Mira tú, ¿cómo que por qué? Porque eres mujer.

—No tía, él tiene sus manitas y lo puede hacer.

—¡Mira tú, muchacha malcriada, los hombres no son para la cocina, ése es el puesto para una mujer! ¡Ándale! En vez que andes ahí trepando los árboles o jugando canicas o béisbol ve y ayuda en los quehaceres a tu mamá.

—No tía, ¿por qué no le dices a mi hermano? Todos somos lo mismo.

—¡No te digo, sigues de malcriada! Una buena mujer sabe cocinar, bordar, coser, sentarse con las piernas cerradas, callada, pero tú eres una malcriada.

Pues fueron por demás los consejos de la tía, esta malcriada no solo no quería que le asignaran tareas por su género sino que se negaba a la autoridad paterna, contradiciendo de vez en cuando, desafiando el sistema patriarcal de la familia que le costó por lo menos unas dos buenas bofetadas, todo por la altanería de esta malcriada.

Ya cuando tenía más edad y pensaba en mi tía, en todas las recomendaciones que me daba para ser una buena mujer, me preguntaba: ¿Por qué, si ella había sido una mujer no de su tiempo sino que retó y escandalizó a lo establecido? Desafiaba a la autoridad paterna, se defendía del abuso, dejó al novio en la iglesia porque no se le dio la gana casarse, tuvo un hijo sola, fue duramente juzgada como mujer sin valor, como una mala mujer porque vivió su vida como quiso vivirla, porque no siguió lo establecido.

Tal vez pensaba que salirse de lo establecido, cuestionar, hacer lo que quiere hacer y ser, era demasiado duro, demasiada soledad y no quería que yo fuera juzgada, señalada, o no incluida por pensar y decidir por mí misma. Pero ser una malcriada ya estaba sembrado en mí, no hubo nada más que hacer; aunque en estos tiempos no estoy sola, porque ¡cómo hemos proliferado las Malcriadas!

El derecho de escribir

por Neira Ortega

Muchas veces viene a mi mente el porqué escribir, y no solo viene de mi mente, si no de los demás también. No me quiero cuestionar si soy o no soy buena escribiendo, yo solo sé que esto empezó desde niña. En mi familia se sorprendieron mucho cuando yo empecé a leer antes de los cinco años. Recuerdo que decía mi mamá: "Ese libro de *Las Primeras Letras* (así se llamaba el libro que utilizábamos en ese tiempo en el kínder) la enseñó a leer".

No sé si fue el libro o porque yo me la pasaba leyendo todo lo que veía a mi alrededor, desde los discos de mi papá hasta el periódico. Recuerdo que a mi papá le gustaba leer *La Alarma*, una revista de contenido policiaco en México, yo la leía también. Agarré una adicción tremenda por los comics, cuentos, novelas, revistas de todo tipo. Mi mamá tenía un expendio de pan en el mercado y era fácil conseguir material para leer. Leía de todo, pues no tenía mucho acceso a libros y me conformaba con lo que podía conseguir.

De tanto leer se me ocurrió escribir. Empezaba escribiendo historias ficticias donde yo era la protagonista principal; historias de niña que se resistía a tener esa familia, mi papá con su alcoholismo y tan ocupados en el negocio de la panadería, no tenían suficiente tiempo para mí. Escribía historias de una niña a la que la adoptaban e iba a vivir a otro país y era muy feliz con su nueva familia; me inventaba hasta la ciudad y nombre y número de calle. Me fascinaba hacerlo, me escapaba, me transportaba a otro mundo por unos momentos… A un mundo donde yo era feliz en otro país como los Estados Unidos, donde hablaba otro idioma y no existe el machismo, donde las mamás son libres y no las golpean. Me imaginaba que vivía en una casa grande muy bonita con un hermoso jardín y que mis padres estaban conmigo jugando en ese jardín. Hablaba sola y hacia como que estaba hablando por teléfono con mi abuela diciéndole que estaba feliz en esa casota y que mis papás estaban muy felices conmigo y que ya no peleaban. Y así escribía mis historias con dibujitos y muchos colores.

Yo dejaba por todos lados mis escritos pues no me importaba que los leyeran. Desafortunadamente, a mi mamá no le pareció, dijo que eso que escribía era de una mente trastornada y que creía que yo estaba loquita. Una niña de sólo siete años no podía asimilar eso y solo me dio mucho miedo. A pesar de eso yo seguía escribiendo, a pesar de que mi mamá rompía mis escritos enojada. Un día me sentí tan mal (creí que yo era mala y hacia avergonzar y enojar a mi madre), que prometí no volver a hacerlo.

Me conformaba con leer… y así seguí ya en la secundaria. Cuando entré en la etapa de que me gustaban los niños empecé a escribir poemas, poemas al amor… Recuerdo que cómo se burlaban mis amigas… tengo una memoria de haber peleado con una de ellas por un poema muy apasionado que escribí:

Eres mi pasión encendida
Que cumple mis anhelos
Eres mi magia perdida
Que inspira mis deseos

Has llegado a mi vida
Llenando mis vacíos
Eres una vela encendida
Entre mis noches sin brillos

Amor mío, desde que nos conocimos
Me di cuenta que ya te había amado
Y que nuestro encuentro es la culminación
de nuestro amor en el pasado

Ahora me da risa, pero esa vez solo tenía mucho coraje. Me enojaba que se metieran en mi intimidad malinterpretando mis poemas, era un simple poema. Yo creo que por eso me cuesta mucho leer lo que escribo al público, es un reto para mí…, sé que es difícil, más no imposible.

Ahora pienso que escribir es un derecho…, por toda mi historia sobre mis ganas de escribir frustradas. Escribir es poner nuestros sentimientos en palabras. Con esto viene a mi mente la carta a las mujeres de color, "Una carta a escritoras tercermundistas", escrita por Gloria Anzaldúa en el libro *Este Puente, mi espalda*: "Escribo porque temo escribir pero tengo más miedo de no escribir".

Esas palabras se me han quedado muy grabadas en mi mente. Como mujer de color, inmigrante latina, feminista, activista, luchadora por los derechos de las mujeres, ¿por qué no escribir? Como dice Anzaldúa, "en ese mero acto [de escribir] se encuentra nuestra sobrevivencia porque una mujer que escribe tiene poder".

En esta sociedad patriarcal, ¿qué nos queda más que hacer que escribir, hacer valer nuestra voz, plasmarla en el papel? Es una necesidad imperante entre nosotras, para crear conciencia en esta sociedad de la desigualdad donde nosotras llevamos la peor parte.

Me remonto al tiempo en la historia con Sor Juana Inés, la escritora y filósofa mexicana del siglo XVII, los retos que tuvo que vencer para poder escribir. No existía el derecho de escribir por ser mujer, mujer pobre, "ilegitima" y a pesar de eso ella dijo en una de tantas frases célebres: "Mándenme a la hoguera, háganme una mártir, que todos me vean arder por defender el derecho de pensar".

Valiente mujer, con una increíble fuerza e increíble talento. Ahora tenemos ese derecho a escribir, a denunciar a la opresión, a exigir nuestros derechos como mujeres. No tenemos nada que perder, como dice Assata Shakur: "Es nuestro deber luchar por nuestra libertad. Es nuestro deber ganar. Debemos querernos y apoyarnos. Lo único que podemos perder son las cadenas de injusticia que nos atan".

Escribir es una manera de romper esas cadenas de opresión, es una manera de liberarnos, como cuando canta el pájaro para liberarse desde su jaula y como mujeres, debemos apoyarnos mutuamente, aceptarnos y querernos.

Así como esa niña de siete años que se resistía inocentemente a vivir en esa familia que le tocó y escribía historias de un mundo mejor para ella, ahora puedo escribir resistiéndome a vivir en esta sociedad donde la mujer de color sufre de opresión y escribe para crear un mundo mejor donde todos podamos vivir en paz, con dignidad, igualdad y amor.

Junior

por Chuy Hernández

Viviendo en un pueblo llamado San Francisco de las Tablas, cuando solo tenía cinco años de edad, era la segunda de cuatro hermanos: mi hermano Silvestre de seis años, mi hermana Macrina de cuatro años, y mi hermano menor aún no nacía. Recuerdo que era una niña soñadora, inocente, juguetona y traviesa, una niña que no conocía el miedo a la obscuridad, no tenía miedo a estar cerca de los animales.

Uno de los recuerdos más bonitos era cuando mis hermanos y yo jugábamos en la tierra colorada buscando animalitos que les llamábamos puerquitos... no sé por qué. No teníamos juguetes, éramos muy pobres pero siempre encontrábamos como divertirnos.

Mis hermanos y yo jugábamos al camión en un árbol de capulín, que además daba una fruta muy rica. Mi hermano era el chofer, yo la pasajera y mi hermana cobraba los billetes que eran hojas verdes del mismo árbol y tenía que pagar con tres hojas verdes que eran tres pesos.

Mi hermano, el chofer, me preguntaba —¿A dónde vas, señorita?

Y yo le contestaba —a Villa del Carbón.

Él me decía —aquí está tu cambio, señorita.

Y nos decía —¡Agárrense!

Y él le hacía —ron-ron-ronnnnnn.

Después me decía —Señorita, ha llegado a su destino.

Y mi hermana gritaba —¡Bajan, bajan!

Otro de nuestros juegos favoritos era "la resbaladilla en las montañitas", como le llamábamos nosotros. Nos llevábamos un costal que se usaba para el abono de la siembra del maíz. Subíamos a la montañita, nos sentábamos en el costal y nos deslizábamos, lo hacíamos una y otra vez hasta cansarnos.

Después volvíamos a casa, que ya nos esperaban unas tareas. Una de mis tareas era ir al rio a acarrear el agua con mi burrito que llamábamos Junior. Mi papá le ponía el avió que era como un chaleco y luego una silla de madera, le amarraba un garrafón de cada lado como de veinte litros. Cuando Junior estaba listo, yo agarraba el lazo del burro y nos íbamos al rio a llenar los garrafones de agua.

Pero en una ocasión, un día antes había llovido mucho así que el camino estaba lodoso y resbaloso. Cuando íbamos de regreso a casa mi burrito resbaló y cayó encima de mí y con el peso del agua y del burro yo no me podía levantar, yo pujaba y el burro rebuznaba, no podíamos hacer nada.

Mi mamá y mi hermano fueron a buscarnos. Mi mamá ya estaba molesta por que yo no regresaba pronto, pensó que solo estaba jugando, pero cuando mi mamá y mi hermano me encontraron..., nos vieron y no paraban de reír porque yo manoteaba y pujaba y el burro rebuznaba.

Junior no era el único animal que teníamos, teníamos un pato blanco con su pico amarillo, una perrita negra chiquita, que le llamábamos Cochinilla y gallinas con sus polluelos. Recuerdo una de las travesuras que hicimos mis hermanos y yo. Mi mamá hacia pulque, una bebida embriagante; se nos ocurrió emborrachar al pato. Mi hermano agarro el pato y le abrió el pico y yo le eche el pulque luego lo soltamos y el pobre pato se iba de lado y lado y nosotros risa y risa. También a mi pobre perrita, la Cochinilla, me encantaba agárrala de sus patitas y hacerle vueltas y vueltas cuando la soltaba no se podía poner de pie.

Estos son algunos de los pocos recuerdos que pude pasar con mis hermanos. Casi al cumplir mis nueve años mi mamá se fue al cielo, y cada uno de nosotros con familias diferentes, ya que mi papá no nos podía mantener juntos. Muchos años después nos encontramos por el Facebook y después empezamos a hablar por teléfono, ya que ellos están en México y yo en Estados Unidos, y hemos estado recordando de aquellas travesuras que nos hacían soñar y reír.

Collar de chupones

por Elena Rojas

Yo recuerdo a la edad de tres años cuando me dejaban solita en casa y que yo soy la penúltima de los doce hijos de mi mamá. Nunca había nadie en casa, siempre estaba sola con un collar de chupones que era lo único que me acompañaba.

Algunas veces la que estaba en casa era mi hermana Raquel, que siempre se preocupaba por mí, dándome mucho amor y cariño, el que no tenia de mi madre, ni de mi padre pues ellos siempre estaban ocupados trabajando de un lado a otro buscando el pan de cada día para mis hermanos.

Sin embargo, mi hermana fue la figura materna que tanto necesitaba. Ella siempre me bañaba, me atendía, me cuidaba, y me hacía sentir bien. Pero cuando no la tenía ni a ella en casa, yo me sentía sola, triste y vacía, sentía que no le importaba a nadie. Y yo no tenía amiguitas con quien jugar.

Entonces era cuando me refugiaba en mi soledad y en la necesidad ¡del collar de mis chupones! Era lo único que me hacía olvidar mi soledad y eso se calmaba con mi chupón.

Solo el hecho de tenerlo en la boca me hacía sentir paz, tranquilidad y sobre todo ¡felicidad!

Peligro extraño

por Karina Muñiz-Pagán

Tengo nueve años y mi mamá ha grabado en mi cabeza los peligros de ser niña y de ser secuestrada. Ese miedo irrumpió recientemente un día que mi amiga y yo salimos de la tienda de discos y un hombre pavoroso, con cejas tupidas, ojos malvados y la mirada fija en nosotras nos siguió fuera de la tienda y por la cuadra. Empezamos a correr, con el pecho latiéndonos fuerte y ahogadas de miedo, hasta que lo perdimos de vista.

Sin embargo, ese no fue el primer encuentro con un hombre espeluznante. Cuando tenía siete años de edad, no entendí lo que ocurrió cuando un hombre pasó delante de nuestro puestito de galletas de las Girl Scouts frente al Safeway. No agarré la onda hasta después que la policía llegó y tuve que decirles lo que había visto:

"Un hombre nos sonrió mientras caminaba jugando con un yo-yo o algo así" les dije. Pude ver sus caras de preocupación.

"¿Con qué dices que jugaba ese hombre?", me preguntaron, y me empezó a dar miedo.

Pero ese temor no me impedía salir a jugar con mis amigas de la cuadra. Jugábamos pateando pelota en nuestra colina, caminando por las torres eléctricas, trepando las rejas y columpiándonos de una cuerda en el árbol de roble detrás del McDonald's. Otros días nos enfrentábamos jugando hockey de aire en el Boys and Girls Club o levantábamos en el aire las ruedas de nuestras bicis en rampas hechas en casa.

La mayoría de las tardes al salir de la escuela, las paso en la casa de mi amiga Erin y sus nueve hermanos. En las mañanas me dejan en casa de la niñera que es nuestra vecina. Una casa oscura y húmeda, con olor a humo. Conozco dos habitaciones: la sala, donde está la televisión y el baño de abajo. El piso de arriba es terreno prohibido y es a donde Elaine, mi niñera, va después de que me pone frente al televisor y me deja sentadita. La veo acomodarse su bata rosa y su cabello es rubio con un permanente de rizos cerrados. Ella suele grabar la telenovela *Días de nuestras vidas* y yo veo estas grabaciones mientras espero que la arena se deslice en el reloj de arena hasta que llegue el momento de llamar a la puerta de Erin para ir a la escuela.

Un día como de costumbre, al terminar la escuela estoy jugando con las chicas de la cuadra a saltar la cuerda. Cada cual tiene su fajo de bandas de goma en una bola grande y metida en nuestras mochilas. Hacemos nuestras rutinas frente a casa: saltar hacia arriba y tan alto como sea posible, mientras que la otra chica cuenta hasta que no podamos llegar más allá de la banda de goma o de que regrese de golpe y perdamos nuestro turno.

Le toca a la nueva chica, Chantelle, que acaba de mudarse aquí. Ella llega a la altura de la cintura en esta ronda hasta que suelto, "¡es demasiado gorda, para ir tan alto!".

No me doy cuenta que lo que digo hace daño hasta que veo la cara de Chantelle. Ya no está sonriendo. Está mirando hacia el piso y ya no trata de saltar. Quiero comerme lo dicho y decirle que lo siento, pero antes de que pueda hacer algo, Teresa, una de las niñas grandes, con trenzas hasta la cintura y tez de caramelo, me mira y me da una palmada en el hombro:

"Qué poca madre lo que dijiste. Tienes que disculparte si quieres jugar. No es que tú seas perfecta tampoco. ¿Si no, por qué todavía te chupas los dedos?". Miro hacia abajo y veo las marcas de los dientes y las arrugas en la piel húmeda. Estoy a punto de llorar y trato de contener las lágrimas. Estoy a punto de correr a la casa de Erin cuando oímos el grito fuerte de Erica. Ella vive con su novio cruzando la calle. Siempre sonríe y saluda y dice "hola" cuando estamos afuera.

Erica sale despavorida de la puerta de su casa, corre hacia la calle con la cara llena de pánico y miedo. Segundos después sale siguiéndola su novio que atraviesa el césped y pasa delante del Camaro marrón estacionado en la entrada de coches manchada de aceite.

"¡Aléjate de mí!" le grita Erica.

Entonces veo lo que tiene en su mano y mis ojos pierden su filtro inocuo. Un arma apunta a Erica en medio de la calle. Él grita algo que no entiendo pues estoy absorta con la pistola en su mano. Esto no es película, ni un artículo de utilería, ni *Días de nuestras vidas*. Una de las hermanas mayores de Erin nos grita que entremos a la casa. Nos agachamos apiñados junto a la ventana. Los dos desaparecen subiendo por la colina y nunca la volvería a ver.

Poco después de esta escena, descubriré que mi tío apuñaló a mi tía favorita varias veces y que el alcohol enmascaraba su esquizofrenia que no fue diagnosticada hasta después. Solo hubo sangre, pesar y rezos de la familia para que ella saliera del cuidado intensivo. Y me pregunto ¿qué es más aterrador para las niñas, el mundo al interior del hogar o el que enfrentamos al exterior?

La otra guerra

por Lis María Arévalo

La luz se fue otra vez. Ramón ya iba a comenzar a llorar, pero mamá prendió pronto una vela e inventó otra canción para calmar sus sollozos. Un canto militar nos puso a marchar: "un, dos; un, dos". Desfilábamos por la cocina muy derechos, con las piernas en alto como veíamos en la tele a los soldados: "un, dos; un, dos". Las sandalias casi rotas de mamá resonaban en la loseta al marchar y ese -- plaf, plaf, plaf -- espantaba nuestros miedos. Reíamos los tres al terminar nuestro recorrido marcial y mamá prendía la radio a pilas.

"Central eléctrica…, coche bomba…, dinamita…, pánico…" anunciaba el locutor. Cada vez que había apagón, mamá nos decía que todo estaba bien, que no iban a venir, que...
Sonó el timbre. Cuando tocaban la puerta de noche, mamá decía muy fuerte el nombre de papá, aunque él nunca respondiera. Llegaría tarde como todos los días, pero solo escuchar que había un hombre en la casa podía espantar a... "¿A quiénes, mamá? ¿Quiénes son los que nos dejan sin luz?". Buscó el palo que guardaba detrás de la entrada y salió.

La vecina, doña Silvia, necesitaba usar nuestra estufa otra vez porque se le había acabado el gas. Mamá abrió los tres cerrojos, los dos candados y la invitó a pasar.

"¿Quisiera un poquito de plátano frito con arroz, vecina? También hice mazamorra de fruta, ¡pruebe!". La señora aceptó solo el postre mientras la olla estaba en el fuego, luego se fue.

Daban las nueve, las diez. Mamá ya estaba cansada y se quedaba mirando la lumbre naranja-azul, pasaba los dedos por el fuego sin rozar la mecha y le brillaban los ojos. Tenía pena, decía. La vela se iba haciendo más chica y ya sabíamos que en un rato iba a ahogarse en sus propias lágrimas. Cuando terminaba de consumirse íbamos a la cama y mamá nos contaba una historia, nos cantaba algo para dormir y nos hacía rezar. Lo único extraño era que todas las noches, con o sin apagón, mamá tenía pena.

Supimos, cuando ya tuvimos edad para entender lo que se decía detrás de las puertas, por qué nuestra madre lloraba antes de irse a dormir. Papá regresaba pasada la medianoche después de ganar su pelea diaria contra la culpa y la vergüenza. Antes de salir de la casa ajena hacia la nuestra, se acomodaba bien la camisa, la corbata y la sonrisa. Ya en la mañana, nos contaba cómo, gracias a Dios, ni las balas ni las bombas lo habían alcanzado al volver del trabajo.

Se iba a trabajar bien desayunado y ella volvía a sonreír y a andar con su bata roja vieja y sus sandalias -- plaf-plaf --. A las nueve de la noche sus ojos brillarían húmedos y nos diría, "ya, hijitos, a dormir". Así pasaron días, meses, años, hasta que papá un día se fue llevándose el televisor. Se le ocurrió volver tiempo después sin otra excusa que su presencia, pero mamá ya había puesto en la entrada una caja con sus libros, sus discos y una bolsa con toda su ropa por última vez lavada y planchada en nuestra casa. Mamá había dejado, por fin, de gritar su nombre cuando era de noche, tocaban la puerta y teníamos miedo.

Las balas y las bombas se fueron a dormir a nuestros libros de historia por ahora, pero pueden despertar. No sabemos bien cuándo ni dónde pero insisten en volver.*

Esta historia ocurre en Lima, Perú.

Lo que me dice mi nombre

por Mirna Ruíz

Hace años me dio la curiosidad de saber el significado de mi primer nombre: Mirna. Encontré que puede ser una variante de Esmyrna, que es el nombre de un puerto en Turquía. No me convenció la respuesta, yo esperaba algo más profundo, una etimología. Y es así como hallé que Mirna es de origen griego y significa dolorosa, pesarosa, suplicante y, a pesar de que no me agradó el significado, tampoco me preocupó, pues para eso tengo un segundo nombre que viene al rescate, creando ese balance tan necesario en esta azarosa vida. Y aunque tengo dos nombres, a mí me gusta decir únicamente mi primer nombre al presentarme, así es como me gusta que me llamen: Mirna. Son solo cinco letras pero para mí tiene fuerza, tiene garra, creo que esto radica en el poder de la erre y su sonoridad. Y bueno, no a todos les sale un: "erre con erre, cigarro, erre con erre, barril".

Mi segundo nombre es Consuelo. Consuelo de los tristes, consuelo de los que sufren, consuelo de los desamparados. Mis padres me llamaron Consuelo para honrar a mi abuela paterna, ya que ellos, así como algunos de mis tíos, decían que me parecía a mi abuela. Me cuentan que nací hecha toda preciosidad: no nací hinchada, como la mayoría de los bebés, si no que mis rasgos eran perfectamente definidos, como una muñequita de piel de porcelana, ojitos claros de color impreciso, sin pelo y, sin embargo, eso no fue problema para mi madre, ella adornaba mi cabecita con moños, los cuales me tenía que pegar al cráneo. Mamá también me compró gorritos para bebé que tenían sujetados a los lados, trencitas de pelo sintético. El ¿qué me pasó después? es una pregunta que muchas veces me he hecho ante el espejo.

En tanto Mirna es el nombre de batalla que doy al mundo, Consuelo es solo para mí. El nombre de Consuelo lo veo en el dorso de mi mano derecha. Desde que tengo uso de razón, en el dorso de mi mano derecha puedo leer CONSUELO. Y no es porque con esa mano usualmente es con la que he enjugado mis lágrimas, ni porque es la mano que me llevo hacia mi corazón cuando está dolorido. Es porque me recuerda a mi abuela. Tengo la cicatriz de una quemadura de fuego que me hice cuando tenía 11 meses de nacida. Esa huella tiene pliegues como las arruguitas de la cara de mi abuela.

Abuela linda
Abuela deberes
Abuela sopa
Abuela siesta
Abuela trabalenguas
Abuela misa
Abuela oraciones
Abuela respuestas
Abuela mirada de cielo

Sobre el color de sus ojos le pregunté alguna vez, yo tenía entre cuatro o cinco años: —Abuelita, las personas que tienen los ojos azules como tú ¿de qué color ven las cosas?

Una amplia sonrisa, mostrándome sus dientes, me confirmó que era una pregunta no muy inteligente, pero sí muy válida mi curiosidad y su respuesta fue:

—¿De qué color ves tú las cosas?

Yo dije —¡de todos los colores!

—Ah bueno, igual veo yo –me contestó–.

Recuerdo también un sábado por la mañana, yo con siete años, tal vez. Mi abuela barría la calle enfrente de su casa, una costumbre muy arraigada por las amas de casa de mi pueblo. Cierto que mi tío Benjamín, siendo hombre también barría el frente de su casa, pero él porque no tenía esposa; de tener una esposa, no sería bien visto que el señor de la casa barriera. Mientras mi abue barría, le pregunté: —¿Por qué será que las mañanas de los sábados y domingos son diferentes a las mañanas de los demás días?

Ella dejó de barrer y se volteó a mirarme y me preguntó:

—¿Qué notas tú de diferente?

Yo le dije —Bueno, el sol ilumina más, se siente más fuerte, las sombras de las cosas y de las personas las veo diferentes y es como más tranquilo el tiempo, como más lento.

A lo que ella contestó: —Todos los días son iguales; los sábados y domingos tú los sientes diferente porque los demás días, estás dentro de tu salón de clases.

La respuesta me pareció buena, pero hasta hoy día, las mañanas de los sábados y domingos, yo las siento diferentes. ¿Ustedes no?

Uno de los muchos retos que tenemos que enfrentar los seres humanos en nuestra necesidad de emigrar a tierras lejanas, es el dejar de ver, de abrazar y de platicar con nuestros seres amados. La última vez que vi a mi abue, yo solo fui para ella un recuerdo diluido que de vez en cuando se asomaba con claridad a su memoria y entonces, me volvía a dar consejos y platicábamos muy bien. En otros momentos me preguntaba: —¿Y tú quién eres? ¿De quién eres hija?

La vejez y la demencia no le robaron su belleza a mi abuela. Como dijeron unas señoras mayores, que la fueron a visitar en sus días de agonía: "La que es bella, aún viejita, es bella".

Cuando mi abue murió, yo no pude estar en Michoacán para decirle adiós a su cuerpo. Su esencia, esa, viaja conmigo, es parte de mi ser, es mi Consuelo.

Luz

por Luz Hernández

En vacaciones de verano, cuando terminaba el ciclo escolar, yo tenía alrededor de seis o siete años cuando mi papá nos llevaba al campo a trabajar a mi hermana la mayor y mi hermano más chico que yo. Todas las mañanas al salir el sol nos levantábamos muy temprano. Mientras nos alistábamos, mi papá le ponía la silla al burro, después le ponía el arado y los fierros con los que trabajaría la tierra. Ya que todo estaba listo salíamos de la casa y caminábamos casi por una hora o más hasta llegar al lugar donde mi papa tenía su parcela. Al llegar mi papá bajaba el arado y los fierros y empezaba a ponérselos al macho y a la mula que eran dos animales que trabajaban la tierra. Ya listos, mi papá empezaba a surcar la tierra y detrás de él íbamos mi hermano, tirando el grano de maíz, y yo, tirando el grano de frijol.

Alrededor de las once de la mañana llegaba mi mamá con nuestro almuerzo. Siempre de comer había frijoles, tortillas, salsa de molcajete y atole blanco de masa. Al terminar de comer a veces sobraban frijoles y tortillas y lo que mi mamá hacía era poner los frijoles en las tortillas y doblarlas. Al finalizar nuestro día de trabajo, que era alrededor de las dos de la tarde, mi papá nos mandaba a recoger ramas secas de los árboles para hacer lumbre y calentar nuestros tacos de frijol que sobraron por la mañana. En tiempo de lluvia todo era diferente ya que no podíamos calentar nuestros tacos porque las ramas estaban mojadas.

Pero igual disfrutábamos hacer otras cosas como jugar con el lodo. A mi hermano, por ejemplo, le gustaba hacer carros y tractores con el lodo, mientras a mi hermana y a mí nos gustaba hacer casas y monos de lodo. Trepábamos árboles y cortábamos su fruta que se llamaba mezquites, nos encantaba comerla por su rico sabor.

Mi papá siempre llevaba plásticos para cubrirnos de la lluvia ya que allá cuando llueve son tormentas de verdad súper fuertes y, a veces, acompañadas de granizo y unos rayos... los cuales hacen un ruido demasiado fuerte y eso me causaba muchísimo miedo.

Mis padres siempre han sido personas muy humildes que

siempre trabajaron en el campo. Ellos tuvieron trece hijos, de los cuales, murieron tres. Yo soy la segunda hija. Tan solo pude ir hasta el sexto grado en la escuela ya que mis papás no tenían los recursos para darnos más estudios.

Desde los catorce años empecé a trabajar muy duro para ayudar con un poco de dinero a mi mamá, para así poder comprar comida para mis hermanos. Siempre he sido una persona muy optimista y no me he rendido ante las adversidades que la vida ha puesto en mi camino, creo que hago honor a mi nombre ya que es un nombre con mucha fuerza.

"Luz", ese es mi nombre, y con cada amanecer siempre veo la luz, la luz de un nuevo día que nos trae nuevas oportunidades y nuevas esperanzas.

Cómo obtuve mi nombre azteca

por Nahui Tochtli

Ometeotl nehua ni Nahui Tochtli

Era el año 2006, tenía catorce años cuando mi mamá y yo recibimos una llamada de nuestra familia en México. Mi abuelo tenía poco tiempo de vida y podía morir en cualquier momento. Todavía recuerdo el rostro de mi madre cuando mi tío le dio la noticia por teléfono. Su reacción fue inexplicable. Mi madre no había visto a su padre por treinta años desde que ella se fue a Los Ángeles a visitar a mi abuela.

INDOCUMENTADA Y CON MIEDO.

Nunca conocí a mi abuelo, aunque pude haber viajado para verlo mi mamá tenía mucho miedo de mandarme sola. Yo solo había hablado por teléfono con él, pero imaginaba cómo sería él en persona, cómo serían sus gestos. ¿Sonreiría cuando le dijera "hola"? ¿O solo movería su mano y no diría nada? Estas eran las cosas que me preguntaba a mí misma. Pero nunca tuve la oportunidad de saberlo porque al día siguiente… ya se había ido. No tuve la oportunidad de hablar con él antes de que muriera porque ya casi no podía hablar y dejé que mi mamá tuviera más tiempo en el teléfono con él, que aunque él no pudiera hablar, la podía escuchar. Mi mamá le dijo: "Papá, te amo. Perdóname que no estoy contigo ahora mismo. Y no te preocupes por tus hijas que están bien, estamos bien".

Pasó una semana y mi madre decidió hacer un funeral especial para su papá, ya que no puedo ir porque es indocumentada.

NO HAY PAPELES…NO HAY PAZ.

Tenía sólo dos opciones, volver a México, decir adiós a su padre y no poder regresar a ver a sus hijas otra vez, o quedarse aquí y no volver a ver a su padre nunca más después de treinta años.

Mi mamá se enteró de que un grupo de danzantes aztecas en el que habíamos estado por un tiempo iban a hacer una ceremonia especial para mi abuelo. Al principio, cuando iniciamos en el grupo de danza, no me gustó. Solía acompañar a mi mamá y me quedaba sentada viendo como todos practicaban la danza azteca, pero ya que la ceremonia era para mi abuelo, decidí bailar.

No solo me encantó, sino que decidí aprender a tocar el huehuetl (tambor). Empecé a aprender más sobre las definiciones de las danzas, su significado y la razón por la que nuestros ancestros danzaban. Mis ancestros danzaban por la harmonía, el agradecimiento, la espiritualidad y la energía. Los huehuetls representaban los latidos del corazón, el sonido de la vida, del principio, el sonido de regeneración. Cada latido que se escuchaba era el sonido de mis emociones, expresándose y tomando forma de música para que la gente escuchara y sintiera como me sentía yo.

Puedo seguir escribiendo y decirles todo lo que aprendí de mi cultura, pero sería todo un libro. Todo lo que quiero decir es "kualli nehua ni Nahui Tochtli" ("hola, mi nombre es Nahui Tochtli"). Obtuve mi nombre azteca porque me uní a un grupo de danza azteca en honor a mi abuelo y para respetar su memoria. Mi único deseo es haber podido saber más de mi cultura estando contenta, o al menos en una situación distinta. En cambio, aprendí y adquirí conocimiento preparando el funeral de mi abuelo, Ángel López.

Mi nombre es Nahui Tochtli. Nahui significa el número cuatro, que representa las cuatro direcciones y los cuatro elementos. Tochtli significa conejo, mi guardián mexica/azteca. Estoy orgullosa y triste de saber de dónde vienen mis raíces. Son sentimientos mezclados por el infortunio de la muerte de mi abuelo. Mi abuelo siempre estará con nosotros en nuestros corazones.

Grito mi nombre a todas las cuatro direcciones para que los guardianes, los espíritus y la energía sepan quién soy yo:

Al este, ¡NEHUA NI NAHUI TOCHTLI!

Al oeste, ¡NEHUA NI NAHUI TOCHTLI!
Al sur, ¡NEHUA NI NAHUI TOCHTLI!
Al norte, ¡NEHUA NI NAHUI TOCHTLI!

Y así es como obtuve mi nombre.

Olor a cariño

por Sylvia López

Uno de mis recuerdos más lindos fue durante 1970-1972, entre mis cinco y siete años de edad. Yo era una niña solitaria, habíamos comprado una casa… bueno, mis padres compraron una casa a la orilla de la ciudad. Era más campo que casas, con muchos árboles y flores. Se podía escuchar el canto de los pajaritos, las calles aún de tierra y el viento fresco acariciando la cara.

Me gustaba la nueva casa, tenía un patio grande y un nogal en el centro, no como el apartamento donde vivíamos, aquí me sentía libre…, bueno, creo que en algunas cosas no. A mi mamá le gustaba ponerme vestidos de talle bajo (decía ella), mi cabello largo bien peinado, tobilleras y zapatos… ¡Ufff nooo!

Aunque no sé por qué mi papá me cantaba: "Despeinada, ja ja ja, despeinada ja ja ja, tú tienes una carita deliciosa y tienes una figura celestial, pero tu pelo, es un desastre universal". Como buen rockanrolero.

Y ahí tenia a mi mamá, "¡No juegues con la tierra!", "¡No juegues con el agua!", "¡No te ensucies!", bla, bla, bla, como si eso fuera lo más importante para mí. Andar bien vestida o peinada era lo que menos me importaba. ¡Ah!, pero yo tenía una cómplice, Beatriz, y solo yo podía decirle Betty.

Una tarde cuando regresaba con mi mama del kínder, me llamo la atención ver a una mujer que tendía su ropa lavada al sol en un lazo amarrado de un árbol a otro, dos hermosos árboles que se encontraban en el patio de su casa. Mientras mi mamá atendía a mi hermanito de tres años y descansaba un poco porque estaba embarazada de mi segundo hermanito, caminé media cuadra hacia donde se encontraba esta mujer. Tenía como unos 70 años, piel morena, bajita, un poquito gordita, su cabello canoso amarrado en un chonguito. Sus ropas sencillas: enaguas largas negras, su blusa blanca con bordados con flores de bonitos colores, su mandil de cuadros rojos con orillas blancas, huaraches de piel. Su rostro era duro, sin sonrisa, con arrugas y un gran lunar negro en su mejilla izquierda cerca de la nariz. Lo que me llamó más la atención era la tristeza de sus hermosos ojos negros, se veían como si estuvieran a punto de llorar.

Solo la miraba detrás de la cerca de alambres de púas que rodeaba la casita, una casita que se encontraba en un terreno en forma de triángulo que dividía dos caminos. Era una casita de madera rústica, sin pulir, sin pintar, con techo de láminas negras. En el patio trasero había muchas flores, amapolas amarillas que contrastaban con la casita. De pronto escuché una voz fuerte y ronca que me hizo sobresaltar.

—¿Qué haces ahí?

—Nada –contesté–.

—¿Por qué te escapaste de tu casa? ¿Dónde vives?

Levanté mi brazo y apunté hacia mi casa y le dije:

—Ahí.

—¿Cómo te llamas?–me dijo–.

—Sylvia y usted ¿cómo se llama?

—Beatriz.

—Ah, Betty –respondí–.

—No, Beatriz –me dijo molesta–.

Insistí: —Betty, como mi muñeca.

Volteó a verme y dijo —¿Tienes una muñeca que se llama Betty?

—Sí. Mi muñeca es grande de trapo, con vestido rosa de florecitas y dos trenzas largas de estambre café.

Betty solo me miro y dijo —Mmm.

Ese fue mi primer gran encuentro con Betty.

Cada tarde de lunes a viernes, me gustaba correr hacia La Casita, salía corriendo y le decía a mi mamá, voy a ver a Betty. Ella me consentía, dejaba que me quitara los zapatos, las tobilleras, un estorbo para mí. Me gustaba sentir el pasto fresco y andar entre las amapolas amarillas que casi me cubrían, sentir el viento, oler el perfume dulce de las flores (aunque alguna vez me hacían correr las abejas), me gustaba sentir la tierra húmeda y su olor.

Otras veces la miraba hacer tortillas, tortillitas para mí. Se paraba detrás de su bracero hecho con adobes, tenía su metate y un comal de barro. Su casa era tan pequeña, pero para mí era un lugar hermoso, olía a humildad, olía a cariño.

En tiempo de lluvia me enseñó a hacer barquitos de papel que ponía en el agua y me gustaba seguirlos descalza salpicando el agua que corría a la orilla de la calle.

Tenía como siete años y un día llegue de la escuela y corrí hacia La Casita, la busqué y Betty no estaba, llegué al día siguiente y Betty no estaba, regresaba cada tarde a buscarla y no volví a ver a Betty.

Varios días después vi a unos hombres llegar a destruir La Casita, la casita que olía a humildad, la casita que olía a cariño. Entonces entendí que no vería más a Betty, que Betty no volvería, que Betty se quedaba en mi corazón, se quedaba en mis recuerdos esa mujer dura, sin sonrisa, con las manos suaves.

Recuerdos de infancia

por Ester Bambilla

Cuando yo era pequeña, alrededor de los siete años, vivía en una casa grande con un patio grande y mucha vegetación alrededor: un platanal, un naranjo, y más allá, un mango, un ciruelo, una palma hacia el arroyuelo a donde caminaba para traer el agua en pequeños cantaros y cubetas de metal.

Caminando, siguiendo el camino, me encontraba con un limón, un aguacate y árboles de cafecillo y siguiendo unos árboles de capulín. Sobre el borde del arroyuelo había una gran higuera con sus raíces extendidas, largas y anchas con las que se hacían las bateas para amasar y recibir la masa para hacer las tortillas. Al borde del arroyuelo se encontraba también el barro para hacer las ollas, los cantaros, los botellones y los comales. Nuestro paisaje nos proveía de todo lo que necesitábamos.

Cuando yo sea vieja

por Chuy Hernández

*El siguiente poema fue leído originalmente en un teatro de la
Asemblea de la Alianza Nacional de Trabajadoras del Hogar
(ANTH) en 2014. Gracias a Linda Burnham y Awele Makeba,
quienes facilitaron el taller para cuidadoras.*

¡Cuando yo sea vieja!
Quiero vivir con respeto y dignidad,
en un lugar rodeado de árboles y plantas,
escuchando a los pájaros cantar, los perros ladrar.
Cuando yo sea vieja,
quiero vivir con familiares y amigos que me amen.
Cuando yo sea vieja,
Estaré de regreso en mi tierra,
Comiendo lo que me gusta, salsa de molcajete, tacos denopales,
    tomando mi tequila, dando de comer a los polluelos,
y rodeada de nietos alrededor del fuego
Cuando yo sea vieja,
Disfrutaré de la libertad.
Estaré en mi pueblo querido oliendo el humo de la leña,
escuchando el ruido del viento, viendo el amanecer,
oliendo el rocío de las flores, escuchando el agua del riocorrer.
Cuando yo sea vieja,
¡quiero terminar con respeto y dignidad!

Parte II
La frontera

Luz

por Neira Ortega

Mujer latina inmigrante con tus muros invisibles,
cruzaste el desierto enfrentando espinas amenazantes;
Lejana caminas adelante, enfrentando la vida perseverante,
eres un ejemplo de mujer valiente emigrante.

Mujer latina inmigrante cruzaste la frontera desafiante,
con tu sonrisa inspirante sigues en la lucha constante;
ejemplo de mujer, te levantaste y sigues adelante;
guerrera de la vida, ahora abogas por los inmigrantes.

Mujer latina inmigrante, vives en una jaula dominante,
con tu voz fuerte cantas para liberarte;
porque eres valiente, porque eres fuerte, porque eres luz
porque eres tú, Luz.

La frontera y el sueño americano

por María de Jesús

Lo visible de la frontera son los peligros a los que cada persona se expone al ir caminando entre materiales, la oscuridad de la noche y las hierbas y, tal vez, animales salvajes, el clima, los rateros —llamados tumbadores— que esperan a sus presas para robarles y muchas de las veces ponen pistolas en la cabeza, como a mi esposo le ha pasado. Lo desnudaron para robar el poco dinero que traíamos. Por poco hasta la vida podríamos haber perdido. Son riesgos grandísimos.

No somos los únicos que hemos pasado, cuántas historias y experiencias vividas van por allí. Todos con la misma ilusión de tener el sueño americano, que es algo invisible en ese momento de tu vida. Uno no sabe si hasta su vida va a perder en este recorrido. Muchas de las veces llegas a tu destino pero luego, ¿qué pasa?, viene lo invisible.

Primero no tienes ni documentos para por lo menos trabajar; vamos y trabajamos de lo que sea y encontramos empleadores abusivos que te ponen a trabajar muchas horas y te pagan lo que quieran. Abusan de nosotras, no les importamos, nos tratan como si no fuéramos humanos.

Mi experiencia al llegar a este país no ha sido fácil y llegando hace muchos años, pasé todas las injusticias que nunca imaginé. Recordar todo lo que ha pasado en mi vida ha sido una experiencia, una experiencia propia. Un día, la vida me dio el regalo más grande de mi vida: mi hijo, que amo con toda mi alma.

Cada tiempo llega con algo diferente, mi hijo fue diagnosticado con autismo. Esa era una nueva lucha en mi vida, todo se veía en mi muy triste, muy difícil. Incluso pensaba que se moría mi hijo. Con el tiempo empecé a aprender, a estudiar para poder ayudar ese ser tan pequeño que necesitaba tanto de mí. La vida no terminaba, empezaba otra lucha tal vez más dolorosa para mí que lo anterior de la vida.

Lucho con el tiempo. Se junta todo y empiezan en un momento a escucharse las deportaciones. Fue un momento de incertidumbre, mucho miedo y preocupación.

Fue tanta presión que dije, "¡Basta!, esto no es vida". Cada amanecer estar pensando si regreso a casa. Cuando eran días festivos no podíamos ni ir a hacer la carne asada. En vez de eso, poníamos la alberca chiquita de plástico en nuestra yarda y con eso nos imaginábamos estar en la playa. No es vida, no contar con tu libertad. Se cansa uno.

Tuve que planear algo nuevo. Yo me dije a mí misma, "o me arriesgo o mejor renuncio a esta vida de prisionera que siento con el tiempo". Yo investigué como podríamos estar aquí legalmente. Escuché que en situaciones extremas con sus hijos, un esposo o alguien con parentesco, podrías trabajar en una forma para aplicar para la legalización. Hace dos años estuvimos en este proceso y desde entonces se nos dio un permiso de trabajo.

No sé cómo explicar que diferente se siente sentir que no eres perseguida, por lo menos este tiempo lo he pasado de lo mejor, conociendo diferentes lugares, muy bonitos. Y sobre todo sentir esta libertad; es lo más grande que ha pasado en mi vida.

Ahora solo espero la contestación de la juez de migración para poder salir a mirar a mis padres en México. Qué bendición tan grande sería que toda la gente que tiene mi misma historia sintiera lo que es ahora mi experiencia. Gracias Dios, gracias a la vida por darme todas estas experiencias. Soy bendecida.

Las maquiladoras

por Neira Ortega

Vino a mi memoria un hermoso paisaje de una cima, como una pequeña montaña, en una colonia, la Francisco Villa, muy conocida en la ciudad fronteriza de Tijuana. Tenía la edad de dieciocho años cuando llegué a la frontera con el deseo ferviente de pasar para el otro lado, como decía la gente en esa ciudad, "persiguiendo el sueño americano". Y ahí me quede por tres años.

Primero, trabajando por dos años en la maquiladora, donde la mayoría éramos mujeres. Escuchaba historias muy tristes sobre jovencitas que pretendían cruzar para el otro lado; de los peligros a los que ellas se exponían, desde el abuso sexual hasta su desaparición. Una ocasión, una señora nos contó la historia trágica de una conocida suya, que fue abusada sexualmente por el coyote, que le prometió pasarla para el otro lado. Desde ese día un gran miedo me invadió y me prometí a mí misma no correr el riesgo de pasar con un coyote.

Mi miedo era muy grande pues vivía sola, no tenía a ningún familiar, me sentía inmensamente sola y desprotegida. Solo tenía a mi amiga con la que compartía el cuarto. Un día conocí a un muchacho de ahí, de Tijuana, empezamos a salir. Él me llevó a aquella cima que estaba en la Villa. Esa vista era hermosa desde ahí, pude admirar el paisaje más maravilloso que había visto en mi vida. Desde ahí se veía la ciudad de Tijuana y a lo lejos los Estados Unidos. Era una noche de invierno. Las noches en esa temporada son muy frías, pero esa noche no tenía frio, estaba fascinada con el lugar. Desde ahí se podía ver San Isidro, era la combinación de dos mundos.

Sentados los dos ahí sobre el cofre de la camioneta vieja amarilla, una Chevrolet modelo muy antiguo, pasamos horas admirando el paisaje; sentía el aire pagarme en la cara, sentía la nariz fría, escuchaba el ruido de los carros muy a lo lejos, sentía una gran tranquilidad y mi mente se sumergía en un pensamiento. En el pensamiento de estar tan cerca y a la vez tan lejos del sueño deseado. Pensaba en cómo era posible que existieran las fronteras. Pensaba en cómo era posible que hubiera viajado por tres días y dos noches desde mi pueblo en el sur de México hasta llegar a la frontera y estar a unas cuantas horas de los Estados Unidos, mi destino.

Pero bueno, ahí tuve que parar. Mientras, mi acompañante me contaba sus historias de peleas con sus amigos que decían ser "cholos". Yo no ponía mucha atención y solo pensaba en que un día estaría ahí, en el otro lado. Podía pasarme horas enteras pensando y admirando el paisaje, sintiendo el viento, con una sola idea, de pasar al otro lado y cómo sería la vida allá, me sentía la dueña del mundo. Aunque después mi realidad era otra.

No solo existía el peligro para pasar la frontera, también existía el peligro ahí, en las maquiladoras. Yo trabajaba ahí en la maquiladora, donde el trabajo no era el problema. Siempre fui lista para manejar las maquinas, era buena en lo que hacía, siempre rebasaba la meta en la producción. El problema era el acoso sexual del que era víctima y no solo era yo, muchas de mis compañeras también. Como la mayoría éramos mujeres, ahí los que tenían los mejores puestos eran los hombres, los jefes, eran ellos los que abusando de su poder nos acosaban. Algunas chicas se sentían halagadas y no se daban cuenta de las verdaderas intenciones de ellos. Yo a pesar de tener dieciocho años ya había vivido muchas malas experiencias con mi familia disfuncional y podía darme cuenta de las malas intenciones de ellos. Además mi amiga era novia de un supervisor y él, en "confianza", me contaba qué era lo que ellos buscaban en jovencitas provincianas como yo; éramos presas fáciles para ellos, y me advirtió del acoso sexual de parte de ellos.

Los supervisores nos ofrecían tiempo extra durante el turno de la noche, y si aceptábamos nos ofrecían "raite". Yo por supuesto que nunca acepte, prefería irme en "las calafias" que la compañía ofrecía para transportarnos a casa. Siempre tuve temor de ellos, hasta que ese temor se convirtió en terror.

Fueron varios los acosadores, el primero, Omar, supervisor de la tarde, casado. Insistía tanto que saliera con él, me hacía proposiciones que me avergonzaban, me ponía trampas, de repente hasta lo encontraba afuera de la maquiladora esperándome, hasta a mi casa me perseguía, era un acoso que ya no soportaba, y todo por el trabajo.

Hasta que un día por azares de la vida o una gran casualidad pasó algo que cambió esto. Un día que fui con mi amiga al swap meet donde venden ropa, zapatos, y muchas más cosas. Pasamos por unos puestos donde vendían pantalones. Nos acercamos a verlos y la joven que atendía el puesto me pregunto:

—Tu amiga trae una playera con el logo de la empresa I@R Reftificadores Internacionales, ¿ustedes trabajan ahí?

Le dije —sí, así es.

Me preguntó —¿qué turno?

—El de la tarde, –le dije–.

Y preguntó: —Conocen a Omar? Él es supervisor.

Le conteste —Sí, claro, es nuestro jefe. ¿Qué es de ti?

—Es mi esposo –me contestó–.

Le dije: —¡mucho gusto! –y me dio su nombre–.

Y la verdad, me dio mucho gusto porque entonces planee un plan para que Omar dejara de molestarme. Aunque me dieron ganas de contarle quién era su esposo, un acosador sexual, no lo hice.

Cuando llegue a trabajar y Omar intentó acosarme de nuevo le puse un "hasta aquí". Le dije, "si me vuelves a molestar, le diré a tu esposa lo que haces conmigo ya se donde trabaja" y que nos conocíamos. Él, muy enojado y preocupado de que yo cumpliera mi amenaza, me dejo de molestar.

Pero eso no era lo peor, me salió otro acosador, el supervisor de la noche. En cuanto él tenía la oportunidad me acosaba de la peor manera. No soporte más, me arme de valor y reporté el abuso a recursos humanos, llevándome la sorpresa de que no me creyeron, le creyeron más a él e hicieron que renunciara por mi propia cuenta.

Claro, los que tenían el poder eran ellos. Me dolió mucho ese episodio de mi vida. Esa tarde fui a la cima y volví a ver la ciudad, me sentía tan triste, muy sola, pero a la vez liberada de ese acoso. Ahora solo tenía que buscar otro trabajo y eso era fácil, Tijuana está llena de esas maquiladoras donde abusan a las mujeres, pero prometí nunca volver a trabajar en esos lugares. Y entonces pensé, creo que es tiempo de realizar mi sueño.

Lo único bueno de la maquiladora es que daba la oportunidad de obtener la visa de turista, como la compañía era extranjera, requeríamos la visa por si un día ocupábamos entrenamientos de las maquinas allá en el otro lado. Y ya la tenía, ya era el tiempo del "sueño americano". Me vi tan pequeña en esa cima, tan desamparada y sola. Pero al ver el otro lado, me daba una esperanza.

Las cosas que llevo conmigo

por Susana Cabrales y Las Malcriadas

Mis sueños
Una visión de igualdad
Mis virtudes
Mi luz
Mis demonios
Una sonrisa
Mis miedos
Mi libertad
Mi botella de agua
Medicina

Las cosas que llevo conmigo
Una visión
Mis metas
Una pluma y el teléfono
Recuerdos bonitos
Lentes
Mi identificación
Seguro médico

Las cosas que llevo conmigo son también mis pensamientos. Como el otro día, me sorprendí cuando vi una señal vial en el museo de Oakland sobre las historias de California; una señal ubicua en la frontera de Estados Unidos y México para advertir a los conductores de un ¡impredecible cruce de personas por la vía!...Y sin embargo, cuánto debió ocurrir para que fueran necesarias estas señales que advierten de algo para lo que usualmente solo hay persecución y castigo, y se juzga o se ignora, sin procurar alivio u otorgar concesión alguna.

Las cosas que llevo conmigo son
El recuerdo de mi abuelita
Mi pulsera huichol
Mi identidad de mujer latina inmigrante
El respeto para los demás
Un bill de $2
Mi cariño y aprecio
Sueños
Promesas
Un corazón muy grande
Una piedra cuarzo
Y aunque a veces fallan, las ganas de seguir

Las cosas que llevo conmigo son también mis pensamientos. Esta señal ya era una pieza de museo y, sin embargo, está en ella la angustia de esos pasos, con sus anhelos, su soledad y sus miedos frente a la inmensidad desconocida. Una historia que ha sido la historia de muchos desde un ayer que lleva años y que sin modificación se ha perpetuado hasta hoy día.

Las cosas que llevo conmigo son
Amor y cariño
Humildad
Llevo presente la cuenta del tiempo,
Respeto
La idea de la seguridad personal

Las cosas que llevo conmigo son, a veces, mis pensamientos. Estaba parada mirándola y llenándome de lo que transmite la imagen cuando vino a mi memoria el recuerdo de algo con lo que me topé un día viajando de Taxco hacia Valle de Bravo por el Estado de México y me conmovió cuando la vi.

Era también como esta una señal vial pero alertando, en este caso, del vuelo de mariposas que eventualmente cruzarían por la vía y pidiendo a los conductores cautela y reducir la velocidad al mínimo. Era temporada de las mariposas Monarca y, al bordear la carretera, lo que se considera su "santuario". Con las señales se quería proteger a estos migrantes que huyendo por miles del rigor del invierno del norte, en México encontraban su hogar.

Llegaban y se iban sin que nada cuestionara esos viajes obligados por la necesidad.

Las cosas que llevo conmigo
Crema para las manos
La fotografía de mi familia dándome la fuerza
Imágenes de mis amigas
Cepillo dental y perfume
La imaginación de que soy libre
Un costal de sueños y
las palabras de mi tía:
"Que Dios te acompañe, mi'ja". *

* Secciones en prosa por Susana Cabrales

Parte III
Donde vivimos

Jalisco
por Claudia Reyes

Tepatitlán, Jalisco
De dónde vengo, a dónde voy
Que un día regresaré
A mi abuela veré
Calles caminaré
Rico comeré
Libre seré
Córdoba, feliz, 141
Yo, ellos y juntos celebramos el regreso a nuestras raíces
Recordando aquel día en que nos fuimos por el sueño americano
El sueño que se convirtió en mentira

Mi querido viejo

por Sylvia López

—¡Hola Miguel, hermano, ¿cómo están?!

—Me alegra saber que están bien. Nosotras estamos bien, ahora que estamos solas, lejos de gritos y malos tratos, podemos disfrutar más de la casa, la comida, los paseos. Ojalá pudiera ir a México y estar con ustedes.

— ¿Papá está en el hospital? ¿Qué pasa? ¿Qué tiene?

—Estudios ¿por qué? ¿Se siente mal? No me ocultes nada, ¿dime qué pasa?

—¿Qué? ¿Enfisema pulmonar? No, papá es muy fuerte, no puede ser.

— ¿Desahuciado? Tiene que haber algo para ayudarle, llévalo a otros médicos, no puedes dejarlo así.

—Por favor mantenme informada, cualquier cosa que necesites avísame, cuídense mucho, cuida a papá.

Dos meses después de pensar que todo iba saliendo bien.

—Hija, Kary, vamos a comprar el pastel y la comida para llevar a la escuela de Dany, mañana le van a celebrar su cumpleaños, ella está feliz, tres añitos, qué rápido.

Llegando a casa después de largas compras.

—Que cansada estoy, fue buena idea cenar en la calle y no cocinar, ojala fuera así todos los días.

—Kary, ¿preparas todo lo que vamos a llevar a la escuelita de Dany? Qué bueno que tu maestra permitió que llegaras más tarde, le cantamos las mañanitas, que parta su pastel, comemos con los niños y listo, te llevo a tu escuela y yo voy a trabajar. Bueno, a dormir que mañana es un día muy largo.

De pronto suena el teléfono, eran las nueve de la noche.

—Hola, ¿Miguel, cómo están?

—Sí estamos bien, preparando la fiesta para mañana, el cumpleaños de Dany. Sí ya sabes que es el mismo día del cumpleaños de mamá. Le hablo mañana para felicitarla. ¿Cómo están? ¿Y papá? ¿Sigue mejorando?

— ¿Quiere hablar conmigo, no es para regañarme como

siempre verdad? Ja, ja, ja, ja.

— ¿Lo llevaste de emergencia al hospital? ¡Pero si estaba mejor!!!

—¡Pásale el teléfono!

—Papá, ¿cómo estás, qué pasa?

—Estoy bien papá, sí, sola con mis hijas, pero muy bien.

—No papá, no digas eso, vas a estar bien.

— ¿Que no me preocupe? ¿Que entiendes muy bien mi situación aquí? ¿Y que entiendes que no pueda ir a verte?

—Perdóname papá, te quiero mucho.

—No tengo nada que perdonarte papá, si sé que me quieres también.

—Miguel, ¿qué pasó? Me dijiste que estaba mejorando.

— ¿Qué? ¿No quisiste preocuparme? ¿Ha estado hospitalizado otras veces?

—Tenías que decirme la verdad.

— ¿Qué va a pasar ahora, dime? ¿Qué va a pasar ahora?

Una hora después de la llamada.

—Kary, ayúdame, me siento muy mal, siento que algo se va de mí, ahhh, siento que me muero, abrázame Kary, no me quiero ir, no me quiero ir.

Algo, me abandono algo, me siento vacía, me duele, me duele, me siento sola, muy sola.

Junio 27 2016.

—Hijas, levántense, vamos a la escuelita a celebrar el cumpleaños de Dany.

Hoy me siento diferente, me siento sola, vacía, pero mi hija tiene la ilusión de su fiesta, su primer año en la escuelita, cumple tres años. Por favor necesito fuerzas, no tengo que reflejar mi angustia y esto que no sé qué es pero me siento diferente.

Celebramos el cumpleaños de Dany. Kary no quiso ir a la escuela, ella, con la edad de catorce años, se sintió preocupada y no me quiso dejar sola. Íbamos hacia mi trabajo, cuando recibí la llamada de mi hermano.

—Miguel, ¿cómo esta papá?

—No, no estoy en mi casa, voy manejando para mi trabajo.

—No, no voy sola, Kary está conmigo.

—No, no me digas que pare, ¿qué pasa? ¿qué pasa?

—No, no es cierto, mi papá no.

Se despidió anoche a las 10 de la noche.

Se despidió de mí, nunca más volveré a verlo, no cumplí mi promesa de regresar, que solo vendría a Los Ángeles por 3 meses. Él me lo dijo, que ya no volveríamos a vernos, y me dio ese abrazo de despedida. Y anoche dijo que entendía, que entendía, pero yo no entiendo por qué todo eso, por qué mi familia se separó y por qué tuvimos que alejarnos y ahora, no volveré a verlo.

Al día siguiente...

— ¿Miguel? ¿Toda la familia de papá está ahí? ¡Ah, ¿hasta ahora se acordaron de él?!

—No me digas de ellos, no me importan, ¿qué está pasando ahora?

—Le van hacer rezos, no me cuelgues, yo voy a estar escuchando hasta que termine.

Hasta que termine, no, no quiero hablar con nadie, solo quiero escuchar.

Se escuchaba mucha gente, mucha gente que nunca se preocupó por mi papá, por nosotros, y ahora los escuchaba rezando por él.

No, no quería imaginar a mi papá en ese ataúd.

—Santa María madre de Dios...ruega por él.

Quiero recordarlo siempre alegre, regando sus plantas y barriendo el patio, así lo recuerdo cuando me comunicaba con mi hermano y me mostraba en la cámara a mi papá, en el patio.

Así quiero recordarte siempre, "mi querido viejo".

La bendición

por Claudia Reyes

La bendición, fue lo último que nos dio en persona mi abuelita Josefina a mi mamá, a Aldo, y a mí mientras subíamos a la combi* que estaba estacionada en medio de su casa y la nuestra. Esa combi nos llevaría a tomar el camión que empezaría su camino de Tepa hacia Tijuana el miércoles 18 de junio del 1997. No era extraño para mi abuelita darnos su bendición, lo hacía en cada ocasión que se podía. Me la daba cada vez que me quedaba a dormir en su casa, justo después de leerle su libro de oración favorito, *Quince minutos en compañía de Jesús Sacramentado*.

Aunque a mí, por mi lentitud de leer, siempre me tomaba más de quince minutos en terminar la oración. No sé si le gustaba que le leyera o no le importaba que me tomara todo el tiempo para leer su oración, simplemente creo que no tenía otra opción más que esperar y esperar a que terminara, ya que ella no sabía leer. Pero yo disfrutaba leerle.

Mi abue siempre estuvo a mi lado, literalmente a mi lado, ya que su pared pegaba a la nuestra. Desde que nací hasta mis trece años siempre estuvo ahí, en esa misma casa. Y cuando estaba sola en su casa y necesitaba algo solamente tenía que marcar en ese teléfono gris viejo — al que le tenías que dar vuelta a los números—. Ella sabía que le tenía que dar toda la vuelta al número cero para que sonara en nuestra casa, ya que era la misma línea.

Estaba tan cerca que cuando Emmanuel y Alex se peleaban, para escaparse el uno del otro se tenían que ir a nuestra azotea a resbalarse por un tubo de menos de tres centímetros para llegar a la azotea de la casa de mi abuelita y bajar o resbalar por el barandal de las escaleras para ya estar a su lado.

Cuando tenía hambre y mi mamá y papá no estaban porque estaban trabajando, sabía que solo tenía que ir con ella para que me diera de comer una sopita aguada, o unos frijoles, y cuando bien me iba, me tocaba comer un chile relleno. O cuando, en raras ocasiones me tocaba hacer pancakes, el sábado o el domingo, los primeros que hacía eran para ella. Ahora de adulta me doy cuenta que cuando los hago, los primeros siempre me quedan feos o crudos. Me imagino que para sus 75 años ya no tenía un buen paladar porque nunca se quejó de ellos.

El domingo era mi día favorito con ella, ya que teníamos la agenda llena. Después de salir de misa de siete de la mañana, me tocaba hacer su mandado. Mientras ella caminaba sola a su casa a mí me tocaba ir corriendo al mercado a comprar sus frutas y verduras o ir a la cremería por el queso, crema y jamón. Regresaba corriendo con las bolsas del mandado hacía mi abuelita para darme cuenta que solamente había caminado media cuadra. Al encontrarla en el camino metía mi brazo derecho al de ella para caminar juntas una cuadra más hacia la casa.

Después de guardar la comida, de regar sus macetas gigantes llenas de flores y plantas en su azotea, llegaba la recompensa de una moneda de 2 o 5 pesos de "domingo". Al salir corriendo a la tiendita de enfrente podía ver como se esfumaba mi "domingo" con unas papitas y un refresco en bolsita.

Regresaba a la casa de mi abuelita para esperar la llamada de uno de mis primos que nos recogería para llevarnos a la casa de mi tía Carmen. Pasábamos todo el día en casa de mi tía. Cuando mi abue se sentía bien, el atardecer era la señal para empezar a caminar por treinta minutos hacia su casa.

Los domingos que no podía salir ni ir a misa por sus dolencias miraba la misa por la tele. Después de la bendición del padre en la tele, mi abuelita mandaba la bendición a sus hijos y nietos que estaban del otro lado o que no estaban junto a ella en ese momento.

Cuando nos tocaba ir a sus citas médicas al Seguro Social, teníamos que caminar tres cuadras para llegar al centro y tomar "la burra", ese camión de pasajeros viejo que nos llevaría hasta La Alameda, donde estaba el Seguro. Las largas horas de espera sentadas en la sala del Seguro para que nos atendieran, eran para mi abuelita, un buen tiempo para rezar su rosario y mandar sus bendiciones.

Ese martes 18 de junio, no hubiera imaginado que sería la última vez que vería a mi abuelita y me daría su bendición en persona. Ese día fue muy feliz para mí, porque empezamos nuestro viaje hacia el norte para juntarnos con mi papá que hacía más de un año que se había ido a los Estados Unidos. Iríamos a Disney, dijo mi mamá, tal vez para no percibir lo que ella ya sabía que iba a pasar; que nos quedaríamos en el norte y no regresaríamos a Tepa junto a mi abuelita.

Después de estar unos días en Los Ángeles, llego el gran día. Se me hacía tarde para que mi tío nos llevara a Disneyland. Los largos minutos de filas para comprar el boleto de entrada o para los juegos no importaban porque estábamos ahí, en ese lugar por el cual habíamos dejado a mis abuelitas, hermanos, tíos, primos y amigos atrás. Ese lugar donde esperar el autógrafo de cada personaje que veía en la tele; donde se podían aprender diferentes canciones y "culturas" en una simple atracción. Sí, sí fuimos felices Aldo y yo ese día, en el "lugar más feliz del mundo", donde existen las princesas y ratones. En el mismo lugar donde no recuerdo haber visto a mi mamá feliz, porque aunque estábamos en ese lugar, nuestra familia seguía separada. Emmanuel y Alex se quedaron en Tepa y todavía no veíamos a mi papá porque él estaba en el norte de California.

Después de diecinueve años puede regresar a Tepa, mi abuelita Josefina ya no estaba.

Pero la que si estaba en Rancho Nuevo, Zacatecas, era mi abuelita Socorro, sentada en su cama leyendo sus oraciones. Entré a su cuarto, me senté a su lado mientras ella trataba de adivinar quién era yo. Y no era para menos, a sus 97 años, con más de 100 nietos y más de 21 años de no vernos. Le empecé a dar pistas de quien era, hasta que adivinó que era la hija de su hijo José.

Es gracias a mis tías y primas que han estado cerca de ella, y que ha tenido una vida digna, que todavía puede valerse por sí sola en muchas de sus cosas. Después de recorrer el patio entre gatos y gallinas, lentamente en su andadera, llegaba a la cocina para sentarse en su lugar y silla favorita. Después de comer sus frijoles recién salidos de la olla y con su salsa de tomate súper picante y chiles serranos recién guisados yo tenía que tomar y tomar agua para quitarme lo enchilado mientras que a ella, ni cosquillas le hacía. Era el tiempo de limpiar los frijoles que comeríamos más tarde. Su siguiente actividad era arreglar las plantas y macetas que estaban en el patio para ponerlo bonito para la Noche Buena.

Esa noche, Aldo y yo tuvimos la dicha de ser los padrinos de su niño Dios. Ese ritual que habíamos olvidado. Ese ritual de rezar el rosario, hacer los cantos entre cada misterio, limpiar al niño Dios para después darlo a besar a cada persona que estaba en la casa. Y la tradición es que siempre mi abuela es la primera que besa al niño, ese niño Dios que mi abuelita había tenido desde hace muchos años. Ella me contó la historia que cuando se casó con mi abuelito, ella quería un niño Dios. Un día, un señor llegó vendiendo niños dioses a su casa y mi abuelito no se lo quiso comprar, pero mi abuelita se quedó con él.

Mi abuelita, una mujer fuerte, su secreto de vida es el tomarse un aguamiel por las mañanas. Mi abuelita, mujer de campo, cuidadora de sus animales. Esa mujer, partera de su comunidad que a cambio de unos huevos o gallinas, o en otra ocasión sin recibir nada, sin importar que fuera de día, noche o madrugada, ayudó a cientos de niños a llegar a este mundo y que ninguno se le muriera.

Después de volver a verla y re-encontrarnos, llegó el momento de despedirnos y el de no estar segura si la volveremos a ver. En su cuarto Aldo y yo de rodillas a sus pies nos despedimos besando su mano y ella, con una oración y su bendición, nos despidió.

La combi es una camioneta Volkswagen que se usa como transporte público en México.

Persiguiendo sueños

por Mirna Ruíz

Ya veintidós años viviendo en California. Hasta que llegué a vivir aquí, escuché del llamado "sueño americano", que se refiere a eso de ser dueño de tu casa y tener una economía holgada. Yo, siendo parte de la comunidad inmigrante, veo que nosotros tenemos un primer "sueño americano" y es muy simple: que podamos trabajar honradamente y sin miedo. Nuestro primer sueño americano es poder asegurar la comida en nuestros hogares para alimentar a nuestras familias. Los otros sueños vienen después.

Yo trabajé, como a muchas de las mujeres nos toca recién llegamos a este país, cuidando niños y haciendo limpieza de casa, después fue en una fábrica y finalmente una bodega. Apenas tres años de estar trabajando y ¡que me caso! El futuro esposo me propuso que yo me dedicara a nuestro hogar, a acicalar el nidito de amor y que él se encargaría de ser el proveedor económico. Esto implicaba confiar en que él solo podría con los gastos de renta, comida y, tal vez, un gustito de unos tacos de una "lonchera" algún fin de semana.

Debo decir que iniciábamos una familia de tres, yo tengo una hija que traje de México siendo ella pequeñita de dos años y medio. Mi trabajo, hasta ese momento, era mejor que el de mi futuro marido, en cuanto a pago y condiciones laborales. Y aun así, acepté dejar mi trabajo y dedicarme al hogar y a mi familia. Me nacieron otros dos hijitos, tan preciosos como su hermana mayor.

Mi matrimonio fue difícil en muchos sentidos, yo quería que se lograra y soporté muchas situaciones injustas. Y sí, habrá algunas acciones que se puedan perdonar, pero otras, no tienen perdón de Dios, ni de las leyes de los hombres. Y después de vivir once años como en la oscuridad, me decidí a divorciarme.

Cosas de la vida. Cuando yo me casé, lo hice en un tiempo en el que yo me sentía volar. Cuando me divorcié, tuve que volver a aprender a caminar. A la inversa, de la mariposa a la oruga, esa metamorfosis fue "involución". También fue aprendizaje, del duro pero aprendizaje. Espero no volver a tropezar con la misma piedra. Dicen que no es malo tropezar con la piedra, lo malo es ¡tomarle cariño a la piedra! ¡Qué joda!

Me enfrenté nuevamente a la búsqueda de trabajo. Alguien me habló de una organización de mujeres, que luchaban por los derechos laborales de las trabajadoras del hogar. No era una agencia de colocación de empleo, pero me dije: vamos a ver qué hay. Así llegué a la organización de Mujeres Unidas y Activas (MUA). Y no me arrepiento de haber venido a curiosear. MUA me ha ayudado en muchas formas.

Primero.— Me ha permitido hablar y he sido escuchada. Durante mis años de matrimonio, le permití a mi ex, que me pusiera una mordaza. Mis opiniones no tenían valor. Por ejemplo:

—¡Cállate mujer!, tú no sabes, yo soy la cabeza de la familia.

—¡Escúchame!, recuerda que dos cabezas piensan mejor que una.

—¡No! ¡Si esto tiene dos cabezas, entonces es un monstruo!

Yo no sabía si reír o llorar. Así que esa parte de mi vida puede ser la explicación a mi apasionada participación en las reuniones en MUA. Mi necesidad de ser escuchada y validada.

Segundo.— Me han hecho sentir estar en un espacio seguro, su atmósfera es de confidencialidad. Lo que de tu vida personal expreses en MUA, en MUA se queda. Algo así como la ley de Las Vegas, solo que sin el pecado. Pero no por eso aburrido, ¡oh, no!, ¡claro que no!

Tercero.— He podido andar de pata de perro, por aquí y por allá; pero una patita muy bien encausada, en beneficio de una comunidad. Un ejemplo, fue ir al Capitolio en Sacramento, visitando las oficinas de los legisladores para que nos apoyen, hablándoles de nuestra carta de derechos: propuestas que mejoran las condiciones de las trabajadoras del hogar (limpieza, cuidadoras de niños y personas mayores); abogando por un pago fijo justo, por pago de horas extras, por derecho a tener descansos por largas jornadas de trabajo. Viví la emoción y la angustia de ver el peregrinaje de nuestra carta de derechos, cómo es debatida en una asamblea y cuántos votos se necesitan para que llegue a otra asamblea y continúe hasta llegar al escritorio del gobernador y, al fin, se haga ley.

Cuarto.— La oportunidad de aprender de diferentes temas con los entrenamientos que ofrecen, como: "Liderazgo y unidad para el poder comunitario". Aquí me cayó el veinte de muchas cosas sobre el poder aplastante que tiene el patriarcado. La información que te llega, la puedes constatar en el día a día en tu comunidad y tan cerca como en tu casa.

Mi ejemplo. Yo pasé por depresión postparto, después de mi último bebé, sumado esto al estrés diario en mi matrimonio. Yo necesitaba un respiro fuera de casa y le dije un día a mi ex: "quiero salir a tomar clases de algo, quizás manualidades, o tomar clases de inglés", mi ex contestó sorprendido y con tono de voz alto: "¿Tú, clases de inglés?, ¿para qué?, ¿para platicar con la cazuela de los frijoles? ¡Ah que bonito, la señora en la calle y yo en la casa cuidando los niños!". Otra vez me quedé entre el llanto y la risa. Y bueno, el sistema del patriarcado dicta por norma el poder del hombre sobre la mujer. Hay mucho que decir y mucho por lo que luchar en este tema y no me quiero extender más.

Otro curso fue "Consejeras del alma". En este entrenamiento se nos dan las herramientas para aprender a escuchar y no juzgar. Así colaboramos con mujeres que están pasando por abusos o violencia de cualquier tipo. Les hablamos de los recursos de ayuda disponibles en nuestra área, de acuerdo a su caso o necesidad. Otro curso fue "Cuidado de personas mayores". En este programa se nos da información de cómo cuidar a una persona mayor que tiene movimiento limitado o sin movimiento, a solucionarle sus necesidades básicas, como lo son su higiene personal, la elaboración de sus alimentos y también la instrucción de RCP (Resucitación Cardio Pulmonar) con su respectiva licencia válida por dos años.

MUA ha sido una gran escuela, todo esto se resume en empoderar a la mujer. Estoy muy agradecida por todas las oportunidades que me ha brindado y en la medida de mis posibilidades yo le retribuyo a esta organización, participando en todo lo que puedo. Con estos entrenamientos he obtenido beneficio personal y otros me han servido para ayudar a mi comunidad.

Deseosa de obtener información, me desboqué a tomar un

entrenamiento tras otro, a la par de la búsqueda de trabajo y la participación en dos diferentes clubes de lectura en español, sin descuidar mis deberes con mis hijos, claro está. Mi cerebro estaba sobre estimulado con lecturas por placer, de mis clubes de lectura y otras lecturas debido a mis entrenamientos, pero por igual disfrutadas.

A mis preocupaciones viejas, se habían sumado otras, adquiridas por una nueva conciencia. A la hora de dormir, lo hacía fatal, muchos sueños que no me permitían descansar como Dios manda. ¡Ah, caray! ¡Dios mandó a descansar hasta el séptimo día! Ese en el que ni las gallinas ponen. El detalle es que ni los domingos descansaba bien. De entre mis preocupaciones por la búsqueda de trabajo, vean a donde me llevaron mis sueños.

Un brazo, que se notaba enfundado en manga larga de un traje color gris, abrió una puerta para mí.

—¡Entre y siéntese! Ella vendrá pronto –dijo una voz–.

Yo estaba en una habitación simple y pequeña, paredes blancas y lisas, dos sillas y una mesa de madera color miel pegada a la pared. Sobre la mesa, pilas y pilas de revistas. Me senté en una silla de frente a la pared y de la puerta que quedó a mi espalda se filtraron voces.

Me pregunté: "¿Y ahora? ¿Dónde chingados estoy?"

Entraron varias personas y aún sin verlas, una voz masculina me dijo:

—Tu trabajo es revisar todas estas publicaciones y recortar las fotos donde aparezca Ella con sus dos hijas.

¡Pa' luego es tarde! Empecé a hojear las revistas. Sentí como alguien se acomodó en la silla contigua, pero no me distraje de mi labor de selección de fotos. Abajo de muchas revistas, alcancé a ver una portada interesante. La imagen mitad visible, mitad oculta, sugería a una mujer madura y dos jovencitas. Yo dije — ¡Bingo!

Y que la jalo. Pero no contaba con la dificultad que me causaba el peso de las otras revistas sobre la de mi interés. Y, ¡zas!, ¡que se rasga un poquito! No mucho, un pelín. Y escucho un grito:

—You cut it! You cut it!

A la vez que una mano de piel oscura me arrebata la revista. Y yo respondo con rapidez:

—Oh! I'm sorry Mrs. Obama! But everything is okay! Look! The photo still good!

¡Sí, era ella! ¡Y yo había sido contratada por La Casa Blanca! Y ella repetía:

—You cut it! You cut it!

Yo pensé, "¡trágame tierra!, con los gritos de esta mujer no tarda en llegar el servicio secreto". No bien terminaba mi pensamiento, cuando el cuartito ya estaba lleno de elementos masculinos bien vestidos. Elevé una plegaria urgente al cielo: "¡Dios mío, mándame más inglés para poder convencer a la Primera Dama de que todo está bien!".

Varios personajes de los recién llegados me rodearon a mí y otros tantos a la dama, creando así dos círculos de seguridad, uno para protección de ella y otro para que yo no escapara.

De repente, no me pregunten cómo, porque no lo sé, pero allí estaba mi hijo el más chico, abriéndose paso en mi círculo de seguridad y me pregunta:

—Mamá, ¿ya casi están los frijoles?, ya quiero almorzar.

Y yo pensé, "¡Chin!, ¡los frijoles! ¡No me acordaba!". Haciendo acopio de tranquilidad, le contesté a mi hijo con tono suave:

—¿Corazón, puedes esperarme en casa? Estoy resolviendo un asunto delicado, en cuanto me desocupe voy a darte tu almuerzo.

Y de pronto, me vi caminando, escoltada por los agentes del servicio de seguridad, rumbo a la salida de la Casa Blanca, eso sí, por la puerta principal. Fui en custodia más allá de la reja de metal que circunda la propiedad, me acompañaron prácticamente a la calle.

Abro los ojos riendo divertida por lo atrevido que puede ser nuestro cerebro y cómo se da rienda suelta mientras dormimos. A veces nos sorprende gratamente y otras veces nos aterra.

Continúo en la búsqueda de trabajo. Claro está que la administración actual de la Casa Blanca no me querría, pero no sé, tal vez en el Capitolio de Sacramento…, si alguien sabe de algún trabajo, les encargo me avisen, por favor.

Se vale soñar, pero cuando tu realidad es tan cruel y te rebasa, toca estar bien despierto y hacer frente común, acercarse a una organización de lucha y resistencia en tu comunidad. Se vale soñar, pero también se vale luchar por nuestros derechos que como seres humanos tenemos.

I Love Oakland

por Sylvia Lopez

Manejando en esta noche fría y lluviosa, otra vez la misma calle, 12th Street. Siempre me llama la atención el enorme letrero con un corazón grande y rojo y las letras del mismo color que se lee "I Love Oakland" para que todos lo miren.

Y me pregunto si también miran hacia su lado izquierdo, qué irónico, el lado del corazón, del verdadero corazón, el que no puedo ver pero puedo sentir.

Y puedo sentir como se arruga al ver el abandono, la injusticia, el dolor, la soledad que emerge en cada una de esas casitas improvisadas de cartón, maderas, casitas de campaña, donde se refugian familias, niños, ancianos, jóvenes, hombres, mujeres y mascotas, heridos por el desalojo y el poder.

¿Cuántos en este momento están en sus casas calientitos, cómodos, disfrutando de una rica cena? Pensamos un minuto en los que se encuentran en esas casas donde el viento atraviesa de un lado a otro. Esos padres abrazando a sus hijos confundiendo sus lágrimas con la lluvia, solo acompañados de las ratas, el sonido del BART, tecnología que no los lleva a ningún lado y, por el otro lado, el tuuuu del tren tan triste como un grito de dolor que ya a nadie le importa.

Mi pregunta es: ¿si realmente amamos a Oakland, hasta dónde vamos a llegar si no hacemos nada para terminar con este sistema de mierda?

Trabajo en España
por Susana Cabrales

Susana escribió esta pieza en un entrenamiento de liderazgo para nuevos miembros de Mujeres Unidas y Activas (MUA). Estábamos discutiendo las historias de la diáspora africana en América y los Estados Unidos, el racismo anti-negro en comunidades latinas y lo que significa para MUA involucrarse en el trabajo por la justicia racial para las vidas afro-descendientes.

Al entrar al sitio que me señalaron para dormir me encontré con tres hombres africanos acurrucados alrededor de un pequeño fuego, —con una olla de comida en medio—, con marcas tribales en sus rostros, dos de ellos jóvenes y uno ya mayor: ¡Negros! Nada de lo que había vivido me había preparado para el susto que me llevé de pensar que tendría que compartir mis próximas semanas con esos desconocidos. Ni sé cómo controlé mi deseo de salir corriendo, alejarme de allí, pero para dónde, así que, a pesar de mis miedos, me tocó permanecer allí.

El lugar tenía un pequeño altillo con una rampa a medio hacer y ayudándose de una cuerda se podía subir a una especie de palomar y, el que decidimos, sería el lugar donde extendería mi bolsa de dormir en la noche durante las siguientes semanas.

Salíamos temprano pues a las cinco de la mañana debíamos estar ya en la finca para empezar el día. Uno tras otro íbamos despojando a los arboles del fruto, llenando con ellos las cajas y apilándolas para tenerlas listas para en la tarde cargarlas en el camión.

Parábamos a media mañana para el almuerzo, pan con embutidos y un poco de vino que en España no puede faltar y, hacia la una de la tarde, regresábamos a casa para comer. Entonces había que ir a la tienda a comprar, buscar la leña para el fuego, acarrear el agua, preparar de comer y estar listos para recomenzar ya en la finca a las cuatro de la tarde. Ganábamos tiempo repartiéndonos estas tareas y comíamos todos con la olla en medio, contándonos historias y sacando ventaja de esa pausa que nos daba oportunidad de hablar.

Un domingo que no hubo trabajo por alguna festividad de la familia se nos hizo fácil ir hasta el pueblo para darnos un baño en forma, pues a totumados de agua no se arrancaba completamente el polvo y la suciedad. La respuesta, sitio tras sitio fue: "A usted que es blanca le podemos rentar, pero a negros, aquí, no se les permite".

Habíamos acordado al iniciar el trabajo que se nos darían pequeños adelantos de dinero para gastos de comida, pero que las cuentas se harían al final. Así que cuando empezó a escasear el trabajo, nos citó el patrón al patio para avisarnos que tenía ya que reducir al personal. La primera que salía, por ser mujer, me imagino, era yo y de inmediato hizo cuentas. Me extendió un dinero que me pareció muy poco y le pedí una explicación. Los domingos, en contra de la costumbre, no los pagaba doble y mi salario, por ser mujer, era la mitad.

No podía creerlo. Así que no había valido mi empeño por rendir a la par de ellos, sin escatimar ningún esfuerzo, ser una más del equipo sin consideración de género y me salían ahora con estas y no antes cuando me subía a los árboles, cargaba las pacas o ayudaba a subir al camión. La furia se me subió a la cabeza y lo único que atiné para sacármela de dentro y la impotencia y la desilusión, fue tirar a los pies del patrón la paga gritándole que le hacía más falta ese dinero a él que a mí.

Indignada recogí mis cosas y me fui. Camine y camine hasta una placita en el pueblo y solo allí me cayó el peso de lo que acababa de hacer: ¿Qué iba a hacer ahora? ¿Para dónde agarrar? ¿Cómo y con qué dinero? Lloré y lloré de soledad, de impotencia, de miedo, hasta que los vi acercarse: dos de mis compañeros de trabajo, esos hombres de África de los que había aprendido tanto, que me acogieron y ayudaron a lo largo de los días, venían hacia mí.

Venían a entregarme mi dinero: lo habían recogido y habían puesto de su dinero, dinero para equilibrar con su paga lo que injustamente me habían quitado a mí.

Libertad
por Silvia López

No, por favor no prendas la tele, hoy no quiero llorar, no quiero ver tanta tristeza, cuerpos de niños inocentes. No quiero ver miradas perdidas de profunda tristeza de los que sobrevivieron, de los que están vivos y muertos por dentro.

Hija, no prendas la tele. Deportaciones, familias separadas, insultos por nuestro color de piel, por nuestras creencias, por nuestro género, por nuestro lenguaje, insultos porque soy mujer, porque soy inmigrante, porque soy trabajadora.

Me duele tanto odio, me duele tanta destrucción, no se valora ni se respeta la vida. Nos estamos viendo como enemigos.

Deja en la obscuridad esa pantalla, porque ni nuestros ríos están limpios, ni nuestro aire puro. Así como nos destruimos entre nosotros mismos, destruimos nuestro medio ambiente, asesinamos poco a poco a nuestra madre tierra a la que nos da vida, a la que nos da todo.

Hija, no me importa que prendas la tele, porque al salir a la calle, no puedo evitar el coraje al ver las casas de cartón el refugio de familias victimas del desalojo, de la opresión, de la discriminación.

Hija, hoy voy a salir sin miedo, quiero honrar cada vida, quiero honrar cada lágrima, quiero honrar a mis ancestros, voy a salir a buscar la libertad.

Mi hermana lela

por Chuy Hernández

Dedicado a una de las mujeres más chingonas que yo conozco, Claudia Araceli Reyes Huerta

Guerrera, divertida, aventurera, soñadora, amorosa, fuerte, espiritual

Contigo todo es más divertido

Contigo veo la vida de una manera diferente

Contigo veo lo que es el amor presente

Contigo sé lo que es una verdadera amiga, eres como una luz que brilla en medio de la oscuridad

Contigo aprendo cómo se debe apreciar una amistad, que no se encuentra en cualquier lugar y todos los días

Contigo aprendo a respetar decisiones y a estar en desacuerdo en una manera sana

Contigo aprendo que no solo es compartir en momentos felices y divertidos, también en momentos oscuros

Contigo aprendo que la felicidad no solo viene de recibir, sino también de dar

Contigo aprendo a escuchar cuando no tengo la razón porque escucho esa voz con respeto y amor

Contigo aprendo a reírme de las situaciones difíciles que la vida me presenta

Contigo todo es una aventura, eres como una caja de pandora, siempre me sorprendes con tu calidad humana, lo honesta que eres contigo y todos los que te rodean

Eres como un rayo del sol; en cualquier espacio donde tú te encuentres lo haces brillar

Eres como un panal de miel porque todas las personas que te conocen quisieran pasar tiempo contigo

Contigo es divertido salir y probar diferentes comidas de
diferentes culturas

Contigo aprendo a celebrar los logros y éxitos de cada una

Juntas sacamos nuestra niña interior, subiéndonos a los juegos en
las ferias

Haciendo caras y nos reímos de casi todo

Eres un rayo de luz y esperanza para mí y nuestra comunidad

Contigo elevo mi voz para gritar: "Sin justicia, no hay paz"

Juntas gritamos "ICE, fuera de nuestras comunidades"

Contigo hermana, amiga, quiero seguir compartiendo nuevas
aventuras retos y mucho más

Te quiero, te admiro, te respeto y para mí, simplemente, eres la
mejor

Sacramento

por María Morales

Soy trabajadora doméstica. He trabajado por muchos años limpiando casas, cuidando niños y asistiendo a personas de edad avanzada. Como indocumentada no pensaba que tenía derechos que me protegieran, no tenía ningún papel que mostrara mi trabajo con sueldos muy bajos y muchas horas trabajadas. Yo no veía la manera de que se pudiera pedir algo al gobernador y que se hicieran valer mis derechos.

Una amiga me comentó que en MUA se estaba luchando por una carta de derechos para las trabajadoras domésticas y se necesitaba el apoyo del gobernador para firmar la ley. La verdad es que yo no creía que como trabajadora independiente podía tener derechos laborales. Le dije que no veía la posibilidad de que alguien tomara en cuenta los derechos de las trabajadoras del hogar y menos que se convirtieran en ley. Mi experiencia con este trabajo es que es muy poco valorado y muy discriminado. Incrédula de que esto pasara, le dije que estaba perdiendo su tiempo tratando de convencerme.

Un día mi amiga me pidió apoyo para un proyecto de organizadora electoral que estaba haciendo. Ella estaba reclutando voluntarios y acepté apoyarla por mi amistad. Mi participación como voluntaria en salir a votar me motivó a quedarme en la organización. Un día fuimos a Sacramento a pedirle apoyo al gobernador con la *Carta de Derechos para las Trabajadoras Domésticas*. Fue ahí cuando por primera vez vi a una persona con discapacidades que estaba luchando por la misma causa, fue entonces que pensé diferente. Ella habló en la conferencia de prensa como miembro y líder de Mano a Mano —un grupo de empleadores de trabajo doméstico—, sobre la importancia de tener asistentes personales que la apoyaran a vivir de manera independiente y la necesidad de que sus derechos laborales fueran valorados y reconocidos. Y dije "¡Mm!, ella es empleadora y yo trabajadora, y las dos estamos aquí luchando por la misma causa, entonces yo creo que si nos unimos podremos lograr algo bueno".

Y fue así que comencé a creer en el poder de esta campaña y como me quedé en MUA.

Estando en MUA, tuve la fortuna de participar en la Asamblea Nacional de Trabajadoras del Hogar en Washington D.C. Fue una hermosa experiencia donde tuve la oportunidad de conocer y compartir experiencias con muchas trabajadoras domésticas. En la asamblea también volví a ver a esta mujer de la comunidad de justicia para discapacitados a la que había visto por primera vez en Sacramento y que me había inspirado. Me dio mucho gusto verla otra vez, y pensé "a esta mujer luchadora nada la detiene, es un gran ejemplo a seguir". Tuve la fortuna de encontrarla, una a una, en uno de los pasillos del hotel donde se estaba llevando a cabo el evento. Entonces aproveché el momento para saludarla y le dije que ella era mi inspiración para estar en el movimiento, nos tomamos una foto y cada una siguió su camino.

Al día siguiente tuve la oportunidad de asistir al taller sobre el cuidado de personas con discapacidades y ella fue la presentadora. Fue muy interesante; ahí me dijo que estaría en MUA unos meses después impartiendo ese mismo taller de enseñanza para cuidadoras de personas con discapacidades. Me dio mucho gusto saberlo porque yo estaría ahí pues estaba tomando el entrenamiento de cuidado de adultos. El día del taller, llegó esta mujer inspiradora junto con su compañera de trabajo y antes de empezar se dirigió a mí diciéndome: "¿A ver qué opinas al final, María? Hemos hecho algunos cambios a nuestro taller."

Al taller le agregaron una escena teatral donde simularon el encuentro que tuvimos ella y yo en el pasillo del hotel. En la representación, la mujer inspiradora me dejó saber que estaba muy indignada porque le dije que me inspiraba. Ella decía que no entendía de qué manera una persona podría inspirar a otra persona a primera vista. También explicó que la sociedad tiende a dirigirse a las personas con discapacidad desde un modelo caritativo y que el hecho de ser una persona con discapacidades no quiere decir que tenga que ser tratada diferente a los demás. Entonces me di cuenta que sin querer había lastimado sus sentimientos y que le debía una explicación. Al final del taller, antes de que yo pudiera explicarle por qué era que me había inspirado, ¡desapareció! Yo me quede triste por no haber tenido la oportunidad de explicarle el porqué me había inspirado, pero también me quedé con las ganas de decirle lo que ella me había enseñado y cómo veo las cosas distintas gracias a ella.

Un día, Dalia, una organizadora de MUA, me pidió que asistiera a dar mi testimonio como cuidadora a un taller dado a un grupo de jóvenes con discapacidades que estaban pensando independizarse de sus padres y que, por supuesto, iban a necesitar personas que los asistieran. Querían saber testimonios de trabajadoras. Y mi sorpresa fue volver a encontrarme con la mujer inspiradora pues no sabía que ella también estaría allí. Entonces me puse muy nerviosa pues no quería lastimar a nadie con mis palabras o algo que dijera. Pero también pensé que ese era el momento para poder explicar y disculparme y así fue. Le expliqué cómo fue que me inspiró y le agradecí por haberlo hecho. Creo que le dio mucho gusto saberlo pues la expresión de su cara cambió.

Unos meses más tarde tuve una invitación muy especial de parte del grupo de jóvenes y de ella, era la clausura del entrenamiento. Mi historia les había impactado y quisieron compartir conmigo. Gracias MUA por abrirme las puertas para poder luchar a favor de la justicia y por dejarme ser una chingona más entre ustedes.

Mi barrio es hermoso - Donde yo vivo

por María de Jesús

Donde yo vivo es un barrio hermoso con una vista a la bahía y a la ciudad de San Francisco.

Donde vivo hay una mezcla de comunidades; vivimos latinos, afroamericanos y samoanos.

En mi barrio siempre veo un barrendero, que me recuerda a la cuadra donde yo vivía en México, dándome los buenos días.

El barrio, donde yo vivo, es uno de los barrios olvidados. Yo vivo en unos de los proyectos de vivienda pública. Es muy difícil que lleguen entregas de pizza o UPS y, en algunos casos, ni los taxis, por el miedo infundado, creado por un sistema injusto y los medios.

Cuando llegué a vivir a Potrero Hill hace trece años, tenía terror por los estereotipos que traía en mi espalda sobre algunas comunidades. Me daba miedo al caminar, sentía que me iban a asaltar, que me iban a golpear, y no dejaba salir a jugar a mis hijas. No tenía el valor de ver a mis vecinos a los ojos. Cuando llegaba la policía a patrullar el barrio me sentía más segura porque pensaba que ellos nos cuidarían.

Después de algunos años pude retar el miedo y descubrí que todos esos mensajes mal infundados en mi mente y corazón no eran reales. Empecé por saludar a mis vecinos, a no esconder mi bolsa, a salir a jugar afuera con mis niñas y empezar a conocer a mis vecinos.

Donde yo vivo somos una comunidad donde nos protegemos los unos a los otros. Mis vecinos cuidan a mis hijas y yo cuido los de ellos. Intercambiamos nuestras comidas.

Donde yo vivo, lo siento un lugar seguro, me siento en comunidad. Seguirán llegando las patrullas y hasta helicópteros para seguir intimidando y aislando a nuestra comunidad. Ahora sé que la policía no es la solución. La solución que aprendí, que una comunidad unida es una comunidad segura. Eso lo que hace el lugar donde yo vivo aún más hermoso.

Tener cuidado - Donde yo vivo
por Claudia Reyes

Donde yo vivo ya hay que tener cuidado de abrir cuando tocan la puerta. Donde yo vivo ya no es seguro dejar la puerta entre medio abierta y entre cerrada, sin seguro. No es porque no queremos que entre el aire frio, o que se metan las hojas de los árboles o el polvo. Donde yo vivo ya hay que cerrar la puerta con seguro y cadena porque puede llegar la migra y tocar o tumbar nuestra puerta. Ahora, antes de abrir la puerta nos tenemos que fijar por el agujerito o mover la cortina para ver por la ventana quien toca.

Donde yo vivo ahora ya se tiene que entrenar a los niños a no salir corriendo a abrir la puerta. Donde yo vivo, en este país, ni se conoce a los vecinos, mucho menos ahora por el temor de que sean infiltrados de la migra.

Donde yo vivo, yo vivo ahora casi todo el tiempo para hablar o ver la tele sobre lo que el pendejo del 45 sigue chingando, con su pinche muro o sus prioridades de deportación.

En el mismo lugar donde yo vivo también vive una mujer guerrera que lucha, ayuna, camina cien millas o más en contra de las deportaciones y de las separaciones de familias. Donde yo vivo, vive mi madre que no tiene miedo de abrir la puerta al vecino.

Donde yo vivo, los domingos no se pone la cadena de la puerta porque es cuando más llega la familia para estar unidos. Donde yo vivo, mi madre habla con sus nietos, les dice que no tengan miedo porque el gobierno nos tiene miedo a nosotros. Mi madre les enseña que está aquí sin papeles y sin miedo.

Así es donde yo vivo.

Los peligros del silencio - Donde yo vivo
por Lulú Reboyoso

Donde yo vivo hay miedo
Donde yo vivo hay odio
Donde yo vivo me siento insegura
Donde yo vivo… ¿por qué vivo aquí?
¿Quién sabe dónde yo vivo y por qué vivo?
Donde yo vivo, es donde quiero vivir
¿Por qué no puedo?
Donde yo vivo veo el dolor en los ojos de mi hija,
quien ha sido echada a un lado al no ser incluida, porque no es de
      donde vive
¿Por qué no puede sentirse libre de dolor donde vive?
Donde yo vivo, mi hijo tiene miedo a hablar de su miedo,
sufre en silencio la inseguridad
Donde yo vivo se ve y se siente el terror al odio que se ha
      propagado en mi comunidad
Donde yo vivo queremos cambiar
Donde yo vivo no queremos odiar
Donde yo vivo queremos amar
Donde yo vivo queremos bailar y cantar
Donde yo vivo vamos a luchar hasta que sin odio ni miedo, todos
      podamos vivir donde vivimos

Para vivir en los Estados Unidos necesitas...
por Las Malcriadas

Para vivir en los Estados Unidos necesitas…
Encontrar comunidad
Saber de tus derechos para que la migra no te chingue
Tener familia de sangre y familia escogida
Vivir de los recuerdos familiares
Hacer el corazón duro para que nada lo afecte e impida construir
    los sueños.

Para vivir en los Estados Unidos necesitas…
Enfrentar los muros invisibles
Resiliencia
Organizarte
Valor
Sentirte orgullosa de tu cultura
Mantener presentes tus raíces.

Para vivir en los Estados Unidos necesitas…
Que tus recuerdos familiares se mantengan en la tibieza del amor
Un trabajo donde tu dignidad no sea pisoteada
Dinero para sobrevivir y una casa para dormir
Aprender a hablar inglés
Estudiar, talleres y preparación
Tener un sueño.

Para vivir en los Estados Unidos necesitas…
Encontrar una razón
Se necesita una oración
Se necesita un trabajo
Un lugar donde vivir

Una buena amiga con quien compartir
Dejar tu familia y amigos
Dejar tu pueblo donde creciste
Dejar tu libertad.

Para vivir en los Estados Unidos necesitas...
Fajarte bien los ovarios
cuando eres madre soltera
y tienes que sacar adelante a tus hijas
Tomar en tu puño el corazón
y apretarlo muy fuerte.

Para vivir en los Estados Unidos necesitas...
Tragar tus lágrimas,
porque no te despediste de tu padre que murió
Tener la esperanza de que el muro caiga
Saber que un arma de discriminación está apuntando tu corazón
Tener la esperanza de recibir el abrazo,
del que del otro lado quedó

La tabla de contenidos

Parte II
La Frontera

Parte III
Donde vivimos

Reseñas de Mujéres Mágicas

Mujéres Mágicas es una antología valiente, conmovedora y poderosa que nos lleva al interior de las vidas y verdades de las mujeres inmigrantes Latinas narradas en sus propios términos. Una y otra vez me vi sorprendida y emocionada por el coraje, el dolor, la resiliencia y las observaciones que encontramos en estas páginas. Este libro es una lectura esencial, bellamente entretejida y un enorme regalo.

Carolina de Robertis
Autora de Cantoras *y* Los dioses del tango

Esta mezcla luminosa de poemas y ensayos de las líderes del movimiento de trabajadoras del hogar revela el poder universal de las historias y el contar historias. A través de los recuerdos de la infancia, la vida en la frontera y la construcción de poder político aquí en Estados Unidos, me conmovió la fuerza, la conciencia y vulnerabilidad que las escritoras plasman en la página. Es una lectura inspiradora obligada.

Ai-Jen Poo
Directora Ejecutiva, Alianza Nacional de Trabajadoras del Hogar

No puedo pesar en ningún otro libro que corte con la retórica del odio y le hable al poder con verdad como *Mujéres Mágicas.* Esto es literatura en su manera más inmediata, urgente y necesaria en el mundo. Esto es resistencia. Celebro a estas mujeres, sus palabras y sus vidas; celebro este libro y sus lágrimas a través del tejido de estos tiempos oscuros.

Troung Tran
Artista Visual y Poeta

CPSIA information can be obtained
at www.ICGtesting.com
Printed in the USA
FSHW021448250719